复旦大学望道研究院理事长、时任校党委书记焦扬同志看望杨福家先生（2016年）

本书编委会

编委会主任（按姓氏拼音排列）

陈志敏　刘召伟　马余刚　沈　皓　赵　强　邹亚明

编委会成员（按姓氏拼音排列）

陈建新　陈建云　戴志敏　高　仁　黄岸青　霍四通
李　冉　潘振勤　徐洪杰　杨　柳　朱鸿召

复旦大学核科学与技术系 | 现代物理研究所

复旦大学望道研究院

合作出品

格物树人 福家报国

杨福家画传

霍四通 杨柳 著

复旦大学出版社

内容简介

本书以图文并茂的形式，生动再现了著名核物理学家、教育家杨福家院士学习、生活和工作的主要经历，详述了杨福家院士及与他紧密相关的多个优秀科技工作人员群体（如两弹元勋群体、复旦大学优秀教师群体、上海光源建设者群体等）诸多立德树人、爱国奋斗的先进事迹，讴歌了中国科学工作者追求真理、追求卓越的科学精神。炽热的爱国主义、坚韧的奋斗精神和深沉的家国情怀相交织，成为贯穿全书的激昂向上的主旋律。书中介绍了杨福家院士所倡导的科学创新思想和教育理念，对于中国的科技创新、教育改革不无启迪。

本书是《博学笃行　福家报国：杨福家传》（复旦大学出版社，2018年）的姐妹篇，适合广大科技工作者、科技史研究者、高等教育工作管理者及研究者、新闻工作者和大中学校师生阅读、参考。

作者简介

霍四通，复旦大学望道研究院副院长，中文系教授。著有《中国现代修辞学的建立——以陈望道〈修辞学发凡〉考释为中心》（上海人民出版社，2012年）、《陈望道翻译〈共产党宣言〉研究》（上海人民出版社，2021年）等。

杨柳，复旦大学现代物理研究所党政办公室主任，2015—2022年兼任杨福家院士助理。发表新闻报道、论文数十篇，合著有《枫窗语文札记》（复旦大学出版社，2009年）。

让中国在世界上发出更灿烂的光辉。
——杨福家（1936—2022）

大力弘扬胸怀祖国、服务人民的爱国精神；

大力弘扬勇攀高峰、敢为人先的创新精神；

大力弘扬追求真理、严谨治学的求实精神；

大力弘扬淡泊名利、潜心研究的奉献精神；

大力弘扬集智攻关、团结协作的协同精神；

大力弘扬甘为人梯、奖掖后学的育人精神。

引自 2019 年 6 月中共中央办公厅、国务院办公厅印发《关于进一步弘扬科学家精神加强作风和学风建设的意见》

心有大我、至诚报国的理想信念，
言为士则、行为世范的道德情操，
启智润心、因材施教的育人智慧，
勤学笃行、求是创新的躬耕态度，
乐教爱生、甘于奉献的仁爱之心，
胸怀天下、以文化人的弘道追求。

引自 2023 年 9 月习近平总书记致信全国优秀教师代表对中国特有的教育家精神的论述

目录

第一章　温暖的家庭 / 001
一、大家庭和睦友爱　/ 002
二、小家庭奋发向上　/ 007

第二章　求学时代 / 015
一、红旗下茁壮成长　/ 016
二、复旦园刻苦学习　/ 020
三、科研路铭记师恩　/ 023

第三章　留校工作 / 025
一、同窗好友齐报国　/ 026
二、时代潮中建功业　/ 028
三、两弹元勋结情谊　/ 031

第四章　开创性的中外学术交流 / 041
一、留学物理学界"圣地"　/ 042
二、哥本哈根精神永存　/ 052
三、特殊年代交流不断　/ 054
四、赴美考察开启时代　/ 060

第五章　业务行政双肩挑 / 065
一、事业全面腾飞　/ 066
二、满园桃李芬芳　/ 075
三、受召核所赴任　/ 080
四、确定振兴战略　/ 083
五、老所焕发新生　/ 088
六、建设上海光源　/ 091
七、谱写核所新篇　/ 096
八、布局未来发展　/ 098
九、荣誉纷至沓来　/ 102

第六章　担任复旦校长　　　　　　　　　　/ 111

一、弘扬复旦精神　　　　　　　　　　　　/ 113
二、确立奋斗目标　　　　　　　　　　　　/ 116
三、力倡教学改革　　　　　　　　　　　　/ 118
四、推进开放办学　　　　　　　　　　　　/ 123
五、改革管理体制　　　　　　　　　　　　/ 128
六、开拓民间外交　　　　　　　　　　　　/ 135

第七章　中英牵手诺丁汉　　　　　　　　　/ 143

一、在英伦情系中国教育　　　　　　　　　/ 144
二、回家乡播撒希望种子　　　　　　　　　/ 154

第八章　立德树人　爱国奋进　　　　　　　/ 169

一、国际视野　家国情怀　　　　　　　　　/ 170
二、追求卓越　敢为人先　　　　　　　　　/ 172
三、投身科技　服务社会　　　　　　　　　/ 175
四、忠诚教育　大爱无私　　　　　　　　　/ 179
五、淡泊名利　甘于奉献　　　　　　　　　/ 182

第九章　胸怀家国　情系教育　　　　　　　/ 187

一、总理座谈　进言教育　　　　　　　　　/ 188
二、教育优先　科教兴国　　　　　　　　　/ 190
三、一流大学　重在特色　　　　　　　　　/ 192
四、以人为本　人人成才　　　　　　　　　/ 194
五、全面发展　终身学习　　　　　　　　　/ 199
六、做人第一　知行合一　　　　　　　　　/ 203
七、追逐梦想　砥砺前行　　　　　　　　　/ 208

后记　　　　　　　　　　　　　　　　　　/ 209

第一章

温暖的家庭

杨福家出生于旧上海的甬商家庭,家庭命运随时代变迁而上下沉浮。新中国成立后,大家庭迎来新生和转机,兄弟姐妹个个学有所长,事业有成。"一门两院士",更成为杨家的骄傲。"没有国家繁荣发展,就没有家庭幸福美满。同样,没有千千万万家庭幸福美满,就没有国家繁荣发展。"①在新中国的阳光下,杨家人用自己的勤劳和智慧,创造着小家庭幸福美满的生活,也为推动国家的繁荣发展、社会的文明进步贡献着自己的一份力量。

一、大家庭和睦友爱

杨福家童年无忧无虑,生活优越舒适。杨家本来住在光启路福铭里3号,位于上海公共租界。杨福家出生前后,家里为改善居住条件搬到法租界巴黎新村3号。这里环境优美宁静,治安也好得多。

● 1930年代的上海外滩。图右部近处为位于爱多亚路(今延安东路)路口的"欧战纪念碑",碑上的"和平女神"像于1941年被日本侵略军拆毁。图中最远处(苏州河与黄浦江交汇处)的八字形高大建筑为1935年春落成的百老汇大厦(今上海大厦,22层)。

---

① 习近平《在2019年春节团拜会上的讲话》,2019年2月3日。

父亲杨善卿（1897—1945）读书时学习成绩很好，而且颇具文学天赋，喜欢写诗填词。清末民初，时局动荡，新旧文化激烈交锋，良莠不齐的新式学堂纷纷涌现。但务实的祖父像其他在沪经商的宁波人一样，只热望着儿子能够继承家业，把生意打理好，并不希望他成为一个舞文弄墨的旧式文人。杨善卿是家中独子，他只好顺从父亲的意愿，按照父亲的规划，走上了经商的道路。但在内心深处，他一直向往着读书习字、清闲舒适的儒雅生活。杨善卿性格比较内向，他默默地承受着这种内心的挣扎。

第一章 温暖的家庭

1	2
3	

❶ 巴黎新村（今重庆南路169弄）入选上海"优秀历史建筑"。

❷ 杨福家的父亲杨善卿在《申报》（1932年12月25日）刊登父亲去世、担保作废的声明："先父志甫公于本年国历十二月十四日弃养。所有生前为人作保，无论口保、信保，直接、间接，自即日起一概作为无效。为特登报声明，诸希鉴察是荷。棘人杨善卿谨启。"

❸ 父亲杨善卿在《申报》（1935年2月12日）刊登的"推受股声明"："缘杨辅宸于民国二十二年在上海外咸瓜街开设寿和恒记糖行，内有杨善卿股份一股，于二十四年二月四日起出推与杨辅宸为业。以后盈亏以及人欠、欠人由受盘人杨辅宸完全负责，与杨善卿丝毫无涉。特此声明。推股人杨善卿、受股人杨辅宸同启。"

母亲朱琴（1897—1984）自幼天资聪颖，完全靠自学识字，能够阅读书报，特别喜欢古典文学。她出身宁波望族，性情难免有些高傲，容易得罪人，但是她的言传身教对子女影响很大。她很注意仪表，要求孩子们衣着整洁，男孩子出门见客或者出席重要场合都要系上领带、要文质彬彬，认为这是对他人的尊重。她乐于助人，常教导子女"积财予儿孙，不如积德予儿孙"；别人对她好，她总不忘记，一定会以礼相报，而她对别人好，却并不放在心上。子女们觉得母亲留给他们的最大财富就是教导他们做一个正直而善良的人。①

在父母的呵护下，杨家的孩子茁壮成长。孩子们一个个都聪颖伶俐，父母自然看在眼里，喜在心头。这时社会风气也已大变，名教授、名医生在社会上地位很高，条件好的家庭都非常重视子女的教育。所以，父亲虽然平时忙于工作，很少管孩子，但也经常告诉孩子们将来"一定要上大学"。他希望孩子们能够好好读书，甚至出洋留学，在学业上出人头地，不要像自己整天忙忙碌碌地陷于世俗事务。在父亲的影响下，杨家的孩子们都瞧不上银行、邮政、铁路、海关这些当时上海人所共羡的四大"金饭碗"，对做生意更是鄙夷不屑。他们都一心向学，特别是对理工科抱有浓厚的兴趣，成绩也都十分优异。和杨家来往密切的另一位宁波商人戚如璋②家，开了个南北货行，主营红枣、黑枣批发生意，两家人基本每天都见面，他的儿子戚正武经常到杨家吃饭，后来也成为著名生物化学家、中科院院士。

杨福家是家里最小的孩子，上面有好几个哥哥姐姐。兄弟姐妹性格有差异，像三哥杨福愉就比较像父亲，沉默寡言、专心读书、不贪玩耍；而杨福家则活泼好动，什么都想尝试一下。在父母的言传身教下，杨家的兄弟姐妹十分友爱，平时都互谅互让，从不吵架争执。

---

① 刘夙、黄有国、龚惠玲《情系生物膜：杨福愉传》，中国科学技术出版社、上海交通大学出版社2018年版，第20页。
② 戚如璋，曾任上海市北货商业同业公会理事、厚生和记北货行经理。

❶ 杨福家和二哥杨福耀。
❷ 杨福家和三哥杨福愉。

1
—
2

1945年，杨善卿因肺疾去世。父亲的去世对家庭的打击很大，家里的经济情况出现了危机。二哥杨福耀（1925—2018）便主动辍学进店学生意，和母亲一起挑起了家庭的重担。二哥牺牲了进一步深造的机会，换来了弟弟妹妹事业上的成就。二哥曾一度失业，家里是靠二嫂徐兰娟做会计的微薄收入和大姐的贴补支撑了下来。让人欣慰的是，弟弟妹妹们都很争气。三弟杨福愉1946年考上了浙江大学化学系，后来还到苏联留学，获得了生物学副博士学位；小弟杨福家1954年考上复旦大学，后来也到丹麦留学。两个弟弟后来在同一年当选为中科院学部委员，成为科技界罕有的"兄弟院士"。小妹杨佩菲也考上浙江医学院，毕业以后到福建省立医院工作，成为当地数一数二的名医。因为年龄相近，杨佩菲对杨福家的影响和帮助最大。

杨家兄弟姐妹感情很深，虽然常年天南地北，但一直都不忘嘘寒问暖，互相照顾，互相扶持。杨福家夫妇工作一直都十分忙碌，经常出差；20世纪80年代两人好几次一起出国做研究，一去就是一年半载，他们都是把女儿托付给哥哥和姐姐照顾。杨家兄弟姐妹为人正直忠厚，都是夫妻白头偕老、相敬如宾，家庭幸福美满，子女事业有成，由此可见杨家家教严格、家风醇厚。

$$\frac{1}{2}$$

❶ 二哥杨福耀和夫人徐兰娟。夫妻二人合力操持家庭，两个弟弟成为国家栋梁之材，他们深感欣慰。

❷ 三哥杨福愉和夫人王锦兰。

● 2005年10月,杨家大家庭3代23人组团访问故乡宁波。

二、小家庭奋发向上

杨福家的夫人彭秀玲坚定地支持杨福家的事业。她比杨福家低两届，当时就读于复旦大学生物系，聪慧过人，喜爱文体，成绩优异。她热爱生活，对于科学和教育事业有着同样精益求精的态度和执著的追求。

陈望道和蔡葵、谢希德和曹天钦、谷超豪和胡和生、蒋孔阳和濮之珍、秦启宗和郑企克、应必诚和邓逸群、吴立德和吴霭成……复旦园中有众多学者伉俪，杨福家和彭秀玲是其中最耀眼的一对。从青春韶华到两鬓染霜，无论顺境逆境，他们始终如一，感情深笃。他们相挽相伴，比翼双飞，泛舟学海，击浪中流，互相砥砺，不为清贫所移，不为名利所动，始终奔跑在追逐梦想的道路上。

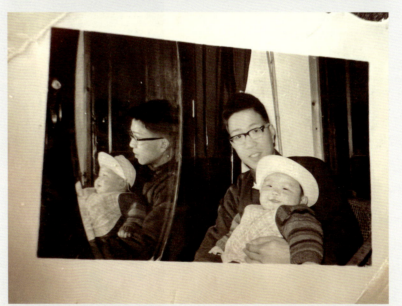

❶ 杨福家和彭秀玲新婚留影。

❷ 同甘共苦，其乐融融。杨福家和彭秀玲在家中，物质条件虽然简陋，但两人脸上都洋溢着幸福的微笑。

❸ 杨福家和刚出生不久的女儿杨奇志。

❹ "看，这里也有个福家！"1987年彭秀玲和女儿杨奇志在日本东京的福家书店前留影。

彭秀玲在考入复旦大学前工作了两年，与杨福家同龄。她就读于浙江省著名的温州第一中学（今温州中学），复旦大学的苏步青、谷超豪等学术大师都是这所中学的校友。彭秀玲学习刻苦，各方面表现异常突出，毕业后就直接留校任教。她爱岗敬业，勤勤恳恳，把走出家乡、继续深造的梦想埋藏在内心深处。彭秀玲在中学工作一年多后，1956年时机会降临了，党和国家号召青年"向科学进军"，还允许在职干部报考大学。于是彭秀玲积极响应，在学校领导的支持下，仅仅复习了两个月，就以全省名列前茅的成绩如愿考上了复旦大学。

彭秀玲师从中国著名遗传学家谈家桢（1909—2008）。谈家桢教授在20世纪50年代坚持遗传学科学理论研究，受到毛泽东主席的高度赞扬。毛主席4次召见谈家桢，鼓励他把遗传学搞上去，"有困难，我们一起来解决"。1961年底，复旦大学遗传学研究所成立，在当时的形势下，谈家桢带领彭秀玲等助手，结合原子能和平利用及原子弹防护等战略需要，开创了辐射细胞遗传学的研究方向，并取得了重要的成果，对推动我国遗传学的发展起到了重要作用。彭秀玲在从事这个方向的研究中，经常和杨福家切磋讨论。"文化大革命"一结束，谈家桢又立即组织队伍，调整研究方向，在国内率先致力于分子遗传学和遗传工程的研究，促成了将基因工程列为我国科学发展的重点之一，迎来了分子遗传学的蓬勃发展。彭秀玲在这个时期编写了《基因工程实验技术》一书，出版后很快售罄，求购信件和汇款单雪片般寄到复旦大学，让工作人员疲于招架！这本书多次再版，一直供不应求。

❶ 杨福家到华东医院病房看望谈家桢先生，摄于2005年2月14日。据说谈家桢得知杨福家担任英国诺丁汉大学校长的消息，第一反应并不是高兴，而是勃然大怒。他激动得从沙发上站起来大声说："杨福家实实在在是块好料，摆着人才，中国人不用，倒被外国人用去了！像话吗？"这并非老先生心胸狭隘，实在是惜才如命啊！[①]

❷ 彭秀玲和老师谈家桢。左为谈家桢夫人邱蕴芳女士。

---

① 方正怡、方鸿辉《院士怎样做人与做事》，上海教育出版社2011年版，第290页。

1979年8月，丹麦玻尔研究所负责人奥格·玻尔给复旦大学写信，邀请彭秀玲和杨福家一起到丹麦进行合作研究，所有费用都由丹麦方承担。奥格·玻尔说，玻尔研究所不少学者对生物学问题都有浓厚兴趣。1973年他们访问中国时，随团的欧勒·马洛（Ole Maaløe，1915—1988）教授就是哥本哈根大学微生物研究所的生物学家，可惜那次来之前大家不知道彭秀玲的专业，没有充分交流。另外，在"文化大革命"中来复旦短期工作的道许教授的夫人也从事生物学研究①，都很有共同语言。他们都希望杨福家夫妻二人一起来丹麦，在核物理和基因研究两个领域与复旦大学建立联系。当时欢迎彭秀玲去做合作研究的研究所有好几个，除了哥本哈根的研究所外，还有在欧登塞（Odense）②的一个新建的分子生物学研究所等。杨福家拿到邀请函后不以为然，根本没有想去申请，因为当时出国很难，更何况是夫妻俩一块儿出去，"不可能嘛"。很快学校领导找到他们，动员他们尽快办理出国手续，还亲自送他们夫妻二人登机。杨福家夫妇从丹麦访学回国后，两人都做了几场报告，展示了很多幻灯片，向复旦的师生介绍他们在丹麦的合作研究情况。

1980年代，彭秀玲也和杨福家一起申请到美国从事科学研究。在美国期间，她翻译了美国哈佛大学教授M.霍格兰（Mahlon Hoagland）的名作《探索DNA的奥秘》，受到广大读者的热烈欢迎。

1
2

❶ 1979年11月，杨福家和彭秀玲在丹麦哥本哈根玻尔研究所（Niels Bohr Institute）。

❷ 1980年代，彭秀玲造访美国武器研究院（LANL）主任阿格纽（右一）的办公室。

第一章 温暖的家庭

---
① 贝蒂·道许《遗传工程可从自然界得到启示》（彭秀玲译），《自然杂志》1979年第3期。
② 欧登塞是丹麦的第三大城市和第四大港口，位于哥本哈根和日德兰半岛之间的英菲岛上，是丹麦最古老的城市之一，它因为是"童话之父"安徒生的故乡而享誉世界。

1	2
3	4

❶ 1981年8月到1982年5月间，杨福家和彭秀玲在美国访学。

❷ 1981年10月14日，杨福家和彭秀玲忙里偷闲，游览纽约州的尼亚加拉瀑布。

❸ 杨福家和彭秀玲在美国考察质子治癌设备，摄于2000年8月2日，波士顿麻州总医院"东北质子治癌中心"（Northeast Proton Therapy Center at Massachusetts General Hospital）。

❹ 彭秀玲在阅读外文资料，摄于2006年8月29日。

为了有更多的时间追求事业上的成功，杨福家小家庭的生活异常简单。夫妻二人所有的空闲时间都用到专业上，很少有时间参加文娱活动，唯一的消遣是听听外国古典音乐，特别是柴可夫斯基和贝多芬的作品。家里的饭菜十分清淡和简单。像早饭，彭秀玲总是一杯咖啡，几片面包；杨福家则是上海人本色，荞麦馒头加豆浆就"甘之如饴"。两人虽然走过不少地方，但很少是专门去旅游，都带着繁重的工作和学习任务，基本上没有心思去游览。杨福家担任英国诺丁汉大学校长后，两人一起考察教育，看了不少世界名校。说起来两人年轻时都是体育健将，但因为太忙，连陪女儿打羽毛球的时间都没有。女儿成家立业后也很忙碌，两人就在天气好时相扶相将，在家门口附近的延安绿地散散步当作锻炼身体。

"执子之手，与子偕老。"这是多么美好的画面，多么令人向往的幸福爱情！

$\dfrac{1}{2}$

❶ 彭秀玲带女儿在公园游玩，摄于1972年1月，上海向阳公园（今襄阳公园）。背景建筑为襄阳路上的东正教堂。

❷ 1998年10月1日，杨福家和彭秀玲在丹麦长堤公园的小美人鱼铜像前。小美人鱼铜像由丹麦雕塑家爱德华·埃里克森以安徒生童话名作《海的女儿》的主人公为原型创作，1913年完成。铜像高约1.5米，重175公斤，基座直径约1.8米。2010年3月到11月，"小美人鱼"作为"文化使者"移居上海世博会丹麦馆，注入池中的1 000立方米的海水也来自哥本哈根，一时观者如潮。杨福家参观世博园时看到有不少不文明行为，他意味深长地说："别以为只是你在欣赏美人鱼，她也在看着你。"

❶ 杨福家和彭秀玲在剑桥大学参观。

❷ 2005年7月10日，杨福家和彭秀玲在英国诺丁汉大学附近的拜伦故居（Byron House）参观。这里距诺丁汉大学大约20分钟车程。

❸ 哥本哈根海边的小美人鱼铜像已经成为丹麦的象征。杨福家在丹麦留学两年，对丹麦有很深的感情。

❹ 上海世博会丹麦国家馆"梦幻城市"里安放的小美人鱼雕像。

● 2006年7月28日，杨福家和彭秀玲在柏林大教堂前。这是一座带有文艺复兴时期风格的新教教堂，建造于德国威廉二世时期。

第一章 温暖的家庭

	2
1	
	3

❶ 2006年8月2日，杨福家夫妇在法国巴黎埃菲尔铁塔前留影。

❷ 杨福家、彭秀玲入乡随俗，在马来西亚穿上当地特色的服装。

❸ 2005年杨福家、彭秀玲在上海青浦参加民俗活动，为新年祈福。

第二章

求学时代

杨福家的求学道路是曲折的。他自幼活泼好动，被贴上喜欢"寻衅滋事"的差生标签，不受老师喜爱。在新中国昂扬进取的氛围里，他开始思考人生的意义，萌发了远大志向，一跃成为品学兼优的好学生。在复旦大学一流名师的悉心指导下，他体会到科学探索的乐趣，开始踏上科学研究的道路。

一、红旗下茁壮成长

从 1943 年 1 月起，杨福家先后在齐鲁小学（一年级上学期，1943 年 1 月—1943 年 7 月）、西成小学（二年级上学期，1943 年 7 月—1944 年 7 月）、民主小学（二年级下学期，1944 年 1 月—1944 年 7 月）、圣德小学（三年级上学期，1944 年 7 月—1945 年 1 月）、齐鲁小学（三年级下学期至六年级下学期，1945 年 1 月—1947 年 7 月）就读。

齐鲁小学 1926 年创办于法租界西门路、吕班路口的山东会馆（今卢湾区教育学院），1942 年增设中学部，改称"齐鲁中学"。在抗日战争时期，这里成为营救抗日将士的中转站；在解放战争时期，很多中共地下党员奉组织之命到齐鲁小学任教，以此为掩护从事革命活动。新中国成立后于 1956 年改名为"六十三中学"，1958 年与和建初中并建为"东风中学"。[1]

西成小学校址为萨坡赛路、辣斐德路 287 号，创办于 1906 年，校园内有"万寿宫"、"半泾园"等古迹。1926 年改称"西城国民小学"。抗战开始后，校址曾被迫成为日本宪兵队的驻地，学校被迫迁至法租界淡水路。抗战胜利后学校迁回，称为"市立西城国民学校"。1952 年更名为"蓬莱路小学"，1955 年改名为"蓬莱路第二小学"，校址为蓬莱路 225 号。1979 年定为南市区中心小学，1984 年又被定为上海市实验性小学，1987 年被评为上海市小学教育先进单位。

"圣德"小学是教会小学，地址在辣斐德路（今复兴中路 423 号），1927 年由美国基督教中华圣公会创办。校长是诸圣堂的牧师魏希本。学校的教育制度极其严格，教育质量很高，从小学三年级就开始英语学习，很多教材都是英文版。因为当时杨福家不喜欢学习英语，所以只上了一个学期就吵着转了学。1952 年 12 月，圣德小学改称"复兴中路小学"，1960 年 1 月又改名为"复兴中路第二幼儿园"。

杨福家的初中一开始是在育材中学（校址在常熟路 79 号，后并入他校）[2]，可因为调皮捣蛋，得罪了老师，被学校勒令退学。当时学校校长吴辛耕主张学生关门读书、不问政治。

母亲对杨福家很宽容，一点没有责备他，想方设法托人把他换到私立的震旦附中（今向明中学）。杨福家的好友叶铭汉（1925—）早年也曾在这里就读。杨福家回忆说："初中在震旦附中学习，这里的教师教书十分认真，学生上课秩序很好，我的学习在这一良好的环境中有所进步。"[3]震旦附中和复旦多少有点关系。它的前身是震旦学院预科，由马相伯于 1902 年创建。1931 年，将预科改为震旦附中。1952 年震旦学院撤销，很多系科并入复旦，震旦附中则和震旦女子文理学院附设女子中学合并为向明中学，校址在瑞金一路 151 号。

● 1986 年 11 月 30 日，在纽约参加李政道 60 大寿庆祝会。左起分别为叶铭汉、李政道和杨福家。

---

[1] 《卢湾区志》，上海社会科学院出版社 1998 年版，第 850 页。
[2] 当时有所育才中学，它是在山海关路 445 号。两所中学的校名不同。
[3] 方守贤《科学寄语》，科学普及出版社 2014 年版，第 147 页。

1949年5月,杨福家正在震旦附中读初二时,上海迎来解放,掀开新的历史篇章。不久,中华人民共和国宣告成立,上海街头巷尾洋溢着积极向上的气氛。杨福家感受到新中国的进步、新社会的勃勃生机,渐渐懂事起来,学习成绩有所改善。1950年他在震旦附中加入中苏友协。因为父亲去世后家里的经济状况不是很好,所以,在1951年初中毕业时他一心想报考国立上海高级机械职业学校(位于复兴中路1195号,简称"国立高机",今上海理工大学)。这所中专学校条件好,学生都免交学杂费、住宿费、伙食费等,而且能够早点出来分配工作,这样家里的负担就大大减轻了。后来因为竞争激烈,杨福家知难而退,选择上了格致中学。

格致当时的校长是陈尔寿先生。陈尔寿(1916—2012)是上海解放后由陈毅市长亲自委任的首任格致中学校长。他深知要办好学校,教师最为关键,上任伊始就四处奔走,请来许多好教师。格致能创一流,是与他的办学思想和辛勤工作分不开的。陈校长狠抓学风,在学生中开展"为祖国努力学习"的思想教育,学生互帮互助,刻苦学习蔚然成风。抓学风中最为突出的事例是推行"荣誉考试"(教师不在现场监考),相信学生的自觉性,树立学生自尊自强的精神。

陈尔寿先生是地理教育家,中国几代中学生都学习过他编写的地理教材。他的教材以"人地关系"为线索,贯穿"人地协调,持续发展"的理念,在进行爱国主义教育的同时,力图培养学生的全球观念和国际意识,影响深远。

班主任项秀荣老师对杨福家的影响很大。她带领大家阅读文学名著。其中,《钢铁是怎样炼成的》一书中,奥斯特洛夫斯基有段经典名言给杨福家很大触动,"人最宝贵的东西是生命,生命属于人只有一次。一个人的生命应该这样度过:当他回首往事的时候,他不因虚度年华而悔恨;也不因过去的碌碌无为而感到羞愧。——这样,在临死的时候,他就能够说:我整个的生命和全部精力都已献给了世界上最壮丽的事业——为人类的自由和解放而斗争"。

  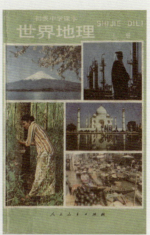

1	
2	3

❶ 图为本书作者学习使用过的全套地理课本,是由陈尔寿主编的初中《中国地理》(上下册)、初中《世界地理》(上下册)和高中《地理》(上下册)。

❷ 项秀荣老师曾任北京一中副校长。(图片引自《古校迈向21世纪——北京一中校史稿》,华艺出版社1990年版,第212页。)

❸ 《钢铁是怎样炼成的》的作者奥斯特洛夫斯基(1904—1936)肖像。他为革命英勇奋斗和与病魔顽强斗争的事迹激励了一代又一代中国读者。

杨福家在中学时交往密切的同学有马惜坤、宋同韬、叶美礼等好几位。马惜坤家境贫困，一度想放弃上大学、早点工作养家，班主任项老师做通他家里的工作，推荐他为留苏预备生（全校仅 10 名学生）。马惜坤在莫斯科汽车机械学院师从苏联著名汽车专家学习，毕业回国后支援三线，来到地处山沟的重庆汽车研究所（现中国汽车工程研究院），主持参与了十几种重型载重车的研发，探索出一条以科研为主导、科工贸相结合的研发道路，曾担任中汽总公司重庆汽车研究所所长。

宋同韬曾当过班长，获得优秀团员称号。他性格耿直，考入华东航空学院[①]后不幸被打成反革命，后又打成右派，历经坎坷。他潜心研究当时刚刚兴起的数控机床技术，逐渐成为一流专家，担任蚌埠机床厂总工程师和机床研究所所长。后被美国机床公司聘为高级工程师，旅居美国。

叶美礼就读于清华大学，毕业后在天津工作。丈夫庄公惠（1937—2015）也是上海人，曾任天津市副市长。

格致校友对母校的培养怀有深厚的感恩之情。在沪老同学定期聚会，杨福家只要在上海，一般都会赶去参加。他们在一起共话峥嵘岁月，畅叙真挚友情，展望美好明天。格致，是塑造他们人格、引导他们未来的地方，他们也因为格致而永远联系在一起。

---

① 1956 年，华东航空学院从南京迁至西安，更名为"西安航空学院"。1957 年与西北工学院合并，成立西北工业大学。

1	2	
3	4	5

❶ 杨福家回到格致中学。

❷ 2002 年杨福家（左一）参加同学聚会。

❸ 2006 年 11 月 4 日，格致中学 1954 届丙班同学聚会。前排左起分别为朱亦梅、杨福家、王智庭，后排左起分别为汪仁伍、叶培松、王月娟、沈琨。

❹ 2014 年 1 月 11 日，格致中学 1954 届丙班同学聚会。左起分别为王智庭、沈琨、黄士康、朱亦梅、杨福家、叶培松、汪仁伍。

❺ 2014 年 5 月 11 日，格致中学 1954 届丙班同学聚会。

二、复旦园刻苦学习

1954年杨福家以优异成绩考入复旦大学物理系。当时复旦大学物理系刚刚经历高校院系大调整,从外校引入一大批堪称世界一流水平的知名教授,如卢鹤绂、王福山、周同庆等。当时全校的一级教授只有7名,物理系就有2名,教学阵容可谓"豪华"!他一入学就聆听了系主任、二级教授、德国莱比锡大学博士王福山(1907—1993)讲授的"普通物理",后来又听了在美国普林斯顿大学获博士学位的一级教授周同庆(1907—1989)讲授的"原子物理",以及在美国明尼苏达大学获博士学位的一级教授卢鹤绂(1914—1997)讲授的"原子核物理"。除了本专业规定的课程外,杨福家还旁听了很多感兴趣的课程,特别是数学课程听得比较多,如数学大师陈建功及其大弟子夏道行讲授的课程他都去听了,还旁听了另一位数学大师苏步青的大弟子谷超豪讲授的一些课程。这些为他进一步的学习和研究打下坚实的数理基础。

复旦大学物理系(1960年前)

❶ 1950年代复旦大学物理系旧址,当时物理系分散在200号、300号和400号。200号是简公堂(图中左边建筑),本为中西合璧的宫殿式建筑,坐西向东,飞檐翘角,古色古香,抗战期间遭日军轰炸,而后修葺成图中西式屋顶、白墙黑瓦的样式。1992年后曾为复旦大学博物馆,2018年底因上海市18号线地铁站点建设暂时拆除,复建后恢复为原有的飞阁流丹、檐牙高啄、辉煌宏丽的殿宇式建筑风格。300号是景莱堂(图中右边建筑),现名"蔡冠深人文馆"。400号是相辉堂第一层,曾为普通物理和中级物理实验室以及实验仪器储藏室,1960年后搬入新竣工的物理楼。

❷ 复旦大学物理系教师集体照,摄于1957年。当时王恒守先生已经被打成右派,没有参加拍照。
第一排:左一,王福山;左二,潘金(苏联专家,来自列宁格勒大学物理研究所,1957年4月8日来复旦访问3个月);左三,叶蕴理;左四,周同庆;左五,周世勋;左七,毛清献(文革初期被迫害自杀);左八,钱毓敏。
第二排:左二,吴寿煌(1963年调入西安交大);左三,包宗明;左五,康来鹏(后调入北京某研究所);左七,钱锺华(钱基厚次女,是钱锺书的堂妹);左九,李园(后调入上海工学院)。
第三排:左一,王兆永;左二,郑思定;左三,潘笃武;左四,何鸣皋;左六,李富铭;左八,华中一;左九,邹延肃(后调入高等教育出版社)。

第二章 求学时代

❶ 复旦大学物理系的两位国家一级教授周同庆（左）、卢鹤绂（右）。当时全校只有7名一级教授，分别为陈望道、苏步青、陈建功、周同庆、卢鹤绂、周谷城、郭绍虞。卢鹤绂是当时复旦大学最年轻的一级教授。

❷ 杨福家任复旦大学校长期间与苏步青的合影，摄于1995年11月1日，上海衡山饭店。

❸ 2001年9月22日，杨福家在庆贺苏步青院士百岁华诞暨回国执教70周年大会上讲话（会议地点：复旦大学逸夫科技楼）。教育部部长陈至立、中共中央统战部常务副部长刘延东、国家自然科学基金委员会主任陈佳洱、中共上海市委副书记龚学平等出席了大会。会议前一天，中共中央政治局委员、上海市委书记黄菊前往华东医院，亲切看望正在那里接受治疗的苏步青，转达了江泽民总书记等领导同志对他百岁诞辰的祝贺。

杨福家学习刻苦，肯动脑筋，成绩优异，给教师们留下深刻的印象。第一次期末考试学习苏联采用口试的形式，当时也是全校第一次，有很多教师前来观摩。杨福家被公认学习好，被排在第一个进场。他推开门一下子懵住了，因为里面竟然坐着30位教师！"这么多的老师考我一个人！"他毕竟是个孩子，从来没遇到这么大的场面，心情实在太紧张，说话不禁口吃起来，知道的问题也答不上来。考试结束后，王福山教授专门把杨福家叫到办公室，鼓励他说："我知道你学得很好，你太紧张了，所以没考好。不要紧张，你会考好的！"这句鼓励让杨福家终生难忘！这是杨福家大学4年中唯一的一个"4分"，自此再也没有出现过。

第二天俄文口试便是一对一的考试，杨福家推门进去发现只有一位教师，那位教师还很和蔼地说："别紧张，今天就我一个人。"杨福家心里热乎乎的，因为他感受到老师们的关注和关心："那时候的老师们是多么爱护学生！"

杨福家刻苦钻研。在一次期中考试后，另一位二级教授王恒守（1902—1981）先生当着100多位同学的面把他叫了起来，说："在这次考试中，我出了道难题，看看有几位同学能做出来。没有想到，杨福家这位同学不仅做了出来，而且用了两种不同的方法。"教师们的鼓励和爱护，使杨福家对物理学的兴趣大为增加，树立了要为祖国的科技事业奉献终生的志向。

杨福家刻苦学习的事迹，在他三年级的时候被登载在复旦大学的校报上。

学习负担减轻后杨福家怎样掌握时间

我脑子里有个疙瘩问题：这学期学习负担减轻①，各种束缚解除后，腾出了大量自由支配的时间，但这些时间常常不知不觉地溜走了，这样下去怎样能把学习搞好呢？我还是去找被团委表扬的优秀生杨福家同学谈谈，他对怎样利用这些时间一定有新的见解。

一天中午，我一见他就说："小杨，你最近怎样掌握时间的？"他被我这一问，思索了一会儿说："根据这学期新情况，我作出了新的打算。"

"新打算？"我急忙问他。

"是呀！没想到这学期能有这么多的自由支配时间哩！"他兴奋地数着指头说："每周的课程比上学期减了5个学时。星期四、星期五下午和星期六一整天都没课，时间集中，我打算在这些时间内，看参考书、做实验、学习外国语……"

❶ 2007年，杨福家在演讲中追忆王福山先生对他的鼓励，激动难抑。

❷ 杨福家的"青年先进人物登记表"（1956年1月）

❸《学习负担减轻后杨福家怎样掌握时间》，载于《复旦》校报，1956年9月28日。

---

① 20世纪50年代，中国大学盲目复制苏联教育模式，造成学生学习负担过重。1955年3月17日，时任高等教育部部长杨秀峰在学校教育工作座谈会上指出学生学习负担过重，提出大力贯彻"学少一点，学好一点"的方针。随后各校修订教学计划，采取措施，以减轻学习负担。复旦大学1956年9月按照高等教育部指示，采取增加学生自修时间、提高学习质量的临时措施。

"你能和我具体谈谈吗?"他想了想说:"首先我把正课学得更好。过去负担重,时间紧,有些参考书不能看,学习中遇到的许多重要问题也只得放过,这学期就有时间钻研了。我喜欢'理论物理',可是要学好'理论物理'得有很好的数学基础。我准备用较多的时间来钻研高等数学。另外,我想经常看看《物理通报》、《知识就是力量》等杂志,了解最新的科学成就及学术上争论的问题,扩大自己的知识领域。我还想法提高外文阅读能力。现在,我已经能看英文参考书,俄文还吃力。这学期打算多花些时间学好俄文,下学期准备再学德文。"

我听着他的详细周到的打算,脑子里忽然又闪出一个问题,便插嘴说:"这样的打算开始实行了吗?"他满怀信心地说:"开学第三天,我就根据总的要求、课程的分量、这一阶段学习的情况科学地分配时间。我现在每周订出了计划,并且坚持执行。"

这一席谈话,解开了我这个疙瘩。小杨的想法、做法不错,减轻学习负担是给我们学习好提供条件,怎样学好,那就靠自己如何抓紧时间、如何利用时间了。

(作者:衣敏,载于《复旦》校报,1956年9月28日)

三、科研路铭记师恩

1954年9月杨福家踏进复旦校门,在这里他走出一条不平凡的成长成才的道路。他经常回忆起大学时光复旦园里大师们对自己的教诲和提携。他对母校的培养抱有深深的感恩之情。

四年级时杨福家幸运地遇到了卢鹤绂教授。卢鹤绂先生当时才43岁,刚从北京大学回到复旦(他在北大被评为一级教授)。卢先生在复旦大学给学生开设"原子核物理"课程,每次上课都会发他自编的讲义。杨福家在课上、在课后都积极提问,甚至能发现老师讲课中出现的错误,令卢先生对他刮目相看。卢先生对杨福家表现出的才华深为赞赏,最后一学期他亲自指导杨福家做毕业论文。当时国际上刚发表原子核的壳层模型的新理论,这个理论认为原子核虽是中子与质子紧密结合的系统,它们运动的情况与原子中电子环绕原子核的情况很不相同,但只要引入一些特有的因素,就可解释实验上出现的相似之处。卢先生告诉杨福家:"有3位科学家提出一个原子核的壳层模型的新理论,这个模型很灵,把实验都解释了,你是不是可以从最近的高能物理的散射实验结果,想法子用另外一个办法来解释解释。"杨福家立刻全身心投入这项工作中。他阅读了大量的最新的相关文献,分析其中的实验数据,日思夜想,不断演算。有一天早晨3点钟醒来,他突然有了灵感,想到有一个办法,写出一个数学公式来推算实验测得的数据。卢先生鼓励杨福家说非常好,杨福家非常激动。不过他继续往下做才发现,这个题目做不出来,他不可能做出这3位科学家做出的结果。经过半年努力,杨福家体会到这篇论文是做不出正面结果的,但是他从这一探究过程中受益匪浅,他真正弄懂了这个理论的奥妙。杨福家找到卢先生,向先生汇报:"我知道这个理论的奥妙,但我不可能用其他更好的方法推算出来。"卢先生说:"不要紧,你学到东西就可以了。"事后,杨福家才知道导师给出的题目是有相当难度的,在5年之后的1963年,研究同一问题的科学家梅耶与金圣拿到了诺贝尔物理学奖。杨福家说:"以我当时的水平,怎么可能做得像他们一样好!"虽然论文没有做出来,杨福家却对卢先生充满感激,因为"我真正懂得了这两位科学家提出的理论的奥妙所在。所以,1964年碰到金圣的时候,我可以与他热烈地讨论,因为我懂得他"。

通过这次探索,杨福家体会到,学位论文一定要尝试难的题目。年轻人正处于精力最旺盛的时期、最富有创新的时期,这时候去攻坚有可能突破。即使失败了,也受到了锻炼,对以后的工作大有好处。

杨福家对卢鹤绂的培养抱有深深的感激。1994年6月7日,卢鹤绂先生八十大寿,杨福家正作为复旦大学校长率团在国外访问。他在给卢先生的贺信中饱含深情地写道:

鹤绂老师,在您八十大寿之际,我作为市科技协会主席,谨代表市科协向您致意,感谢您对科协活动的一贯支持;作为复旦大学校长,谨代表复旦大学向您祝贺,感谢您多年来对复旦的教学、科研做出的巨大贡献;作为中科院原子核所所长,谨代表您担任过多年领导的原子核所向您致谢,核所的同仁们都对您的开创之功记忆犹新。

我作为您的一个学生,清晰地记得您"七章七节"的"原子核物理"讲课,它使我对原子核物理产生了极大的兴趣。同样,我也不会忘记您对我的毕业论文具有启发性的指导,从此原子核物理成了我毕生从事的一个专业。

1996年2月13日,卢鹤绂先生与世长辞,复旦大学举行了庄严肃穆的追悼大会,杨福家作为校长亲自致悼词。2014年6月7日是卢先生百年诞辰,复旦大学举办了隆重的纪念活动,举行了卢鹤绂铜像揭幕和《卢鹤绂院士百年诞辰纪念文集》首发仪式,当天上海电视台纪实频道"大师"栏目也播放了《卢鹤绂》纪录片。杨福家在《卢鹤绂院士百年诞辰纪念文集》序中写道:"卢鹤绂先生身体力行,教导我怎么做人,鼓励我挑战权威,尝试前沿课题,这与美国一流大学的本科所实行的博雅教育理念是完全一致的。卢先生是引领我踏上科学道路的领路人。"他挥毫题词,表达了对老师的无限崇敬和怀念。

❶ 卢鹤绂教授编写高能离子物理学专著。

❷ 卢鹤绂工作照。

❸ 1994年6月7日,上海市政协、上海市九三学社、中国科学院上海分院、上海市原子核科学和技术学会、上海市物理学会、上海原子核研究所和复旦大学等单位为庆贺卢鹤绂执教60周年和诞辰80周年举行庆祝会。国务委员宋健、中国科学院院长周光召联名发来贺信,中国科协主席朱光亚发来贺电,上海市委副书记陈至立委托专人送来鲜花和贺卡。卢鹤绂先生在庆祝会上高兴地表示:"我希望还能给国家做点贡献。我还要奋斗下去,奋斗到100岁!"

卢鹤绂先生发言说,他在明尼苏达大学读了5年博士,物理系平均每年培养出2个博士,5年一共有10个博士。他很好奇其他9个博士都去干什么了,回到美国一打听,有一个是瑞士人,在欧洲核子研究中心工作,其余的8位都在工业部门,原来就自己一个人在教书!所以,他认为从大学培养出来的物理学家,应该到工业部门去。卢鹤绂认为物理学是个整体。他对当时盛行的过细的专业分科提出批评:"物理就是物理嘛,基本原理都懂了,哪有死死板板地一定要这样那样。把人们的智慧都束缚住了。外界都向老大哥学习,我就不敢恭维了。"他的诙谐和幽默,引起一片会心的笑声和掌声。①

主席台就座左起分别为汤家镛、周世勋、方林虎、王荣华、卢鹤绂、钱冬生等。

❹ 杨福家为《卢鹤绂院士百年诞辰纪念文集》题词。杨福家说:"当我们在在职教师中聘任首席教授、杰出教授的同时,我们没有忘记复旦还有一批上了年纪的、大师级的人物,我们应当为他们树碑立传,应当给予他们最高的荣誉,建议各院系把与你们相关的大师的画像挂出来,为他们出版专著。"(杨福家《迎接新的腾飞——在庆祝第十二届教师节大会上的讲话》,1996年9月10日)

① 蔡沐禅、刘忠坤《卢鹤绂传》,复旦大学出版社2015年版,第178页。

第三章

留校工作

人不能选择自己出生的时代，但人却可以通过自己的努力改造甚至创造时代。杨福家大学毕业时，全国正处于"大跃进"的狂热之中。"这是一个最好的时代，这是一个最坏的时代；这是一个智慧的年代，这是一个愚蠢的年代；这是一个信任的时期，这是一个怀疑的时期；这是一个光明的季节，这是一个黑暗的季节；这是希望之春，这是失望之冬；人们面前应有尽有，人们面前一无所有；人们正踏上天堂之路，人们正走向地狱之门。"（狄更斯《双城记》）正是在这个"狂飙突进"的时代，包括杨福家在内的无数壮志凌云的年轻人，凭着一腔激情、一股闯劲，"敢叫日月换新天"，创造出"两弹一星"的中国奇迹。

一、同窗好友齐报国

1958年，杨福家在复旦大学物理系毕业，留校在物理系做了一名助教。他的大多数同窗好友则胸怀理想壮志、奔赴祖国各地，在各自的岗位上为祖国的社会主义建设默默奉献着青春和热血。

因为学习的专业和祖国的需要相契合，复旦大学物理系1954级本科毕业生中为中国核武器事业做出卓越贡献的有不少人。其中比较突出的是胡思得院士。他一毕业就被分配到二机部，在九院①有幸与钱三强、王淦昌、彭桓武、郭永怀、朱光亚、程开甲、邓稼先、陈能宽、于敏、周光召等一大批才华横溢的科技精英一起工作。1984年，胡思得担任研究所副所长，主要负责新一代核武器的理论设计；1990年担任九院副院长，主要负责新设计核装置的核试验任务，努力完成邓稼先、于敏的安排；1994年担任院长职务。胡思得为中国核武器从1964年至1996年实现从原子弹到氢弹、到中子弹和小型化核武器的三大跨越做出巨大的贡献，1999年当选中国工程院院士。

另外一位是陈式刚院士。在大学期间，他认真学习，除了每天下午课后坚持锻炼身体之外，他都待在图书馆钻研基础物理知识。在学校举行的校庆学术报告会上，他所作的报告"用'洛仑兹'变换推导出麦克斯韦方程"，虽然并不成熟，但已引起在座专家、教师的关注。1958年，陈式刚被分配到中科院物理所理论组，在李荫远组长带领下从事理论研究工作。不久，留学苏联莫斯科大学的陈春先毕业回国，他带来的超前思想、全新理论和方法给年轻的陈式刚以强烈的冲击，

受到陈春先的启发，陈式刚开始研究量子多体问题，很快就成长为研究所的学术骨干。②1963年初，他受组织调动到二机部北京第九研究所，与老同学胡思得在一个单位；他在理论部物态方程组，由邓稼先、周光召、于敏等指导工作。陈式刚参与了多种型号核武器的初级理论研究和设计工作，为我国核武器事业做出了重要贡献。2001年当选中国科学院院士。

杨福家也在复旦大学为中国的两弹事业而奋斗。他领导一支代号为"五八中队"的攻关团队，夜以继日地为研究分离铀同位素的方法、制造分离膜而奋战。

1963年杨福家作为一名优秀青年科技工作者代表，荣幸地见到了周总理。总理语重心长地对大家讲了一句话，"要时刻想想同年龄的1 500万人"。总理恳切的话语深深地震撼了杨福家。中国人口多，底子薄，无数的同龄人都在为国家昌盛默默无闻地流血流汗，他们得不到继续深造的机会，更谈不上有什么很高的待遇。青年知识分子需要为国家、为人民，也为同龄人去顽强创业，在物质利益上应该知足常乐。贪图物质享受，奢望金钱和权力，必定会导致迷失本性、丧失节操，最终会辜负国家和人民的培养和重托。

1	
2	3

❶ 2004年9月15日，杨福家、胡思得（左）和陈式刚（右）3位院士在邓稼先塑像前合影。

❷ 1994年2月18日，摄于美国劳伦斯利物莫实验室。左起分别为叶立润、胡思得、杨福家、爱德华·泰勒（Edward Teller）、钱绍钧、胡仁宇、彭翰生。爱德华·泰勒（1908—2003）是美国"氢弹之父"，他出生于匈牙利布达佩斯，1935年到美国工作，是"曼哈顿工程"的早期成员。在爱德华·泰勒右边的是被称为"无花果"的中国工程院院士钱绍钧中将，20世纪80年代中期曾任新疆某核试验基地副司令。

❸ （左起）朱祖良、胡思得、方守贤、杨福家、金兆良在复旦大学百年校庆庆典活动上，摄于2005年9月23日，浦东国际会议中心上海厅。

---

① "九院"的全称为核工业部第九研究院，其前身为二机部北京第九研究所、二机部第九设计研究院等；1990年2月再次更名为"中国工程物理研究院"，简称"中物院"。

② 陈春先和陈式刚、霍裕平等合写了《多体问题中的关联效应》《超导理论中的某些问题》《统计物理中的模拟方法》等多篇论文，发表在1960—1961年间的《物理学报》上，当时人称"陈春先学派"。参见郝柏林《混沌与分形——郝柏林科普与博客文集》，上海科学技术出版社2015年版，第233-237页。

第三章 留校工作

二、时代潮中建功业

为了响应党中央提出的"要自力更生大办原子能"的号召,复旦大学在1958年成立原子核物理研究所,同时在物理系设立原子核物理专业。先从现有的物理专业中,调一部分三年级同学到原子核物理专业学习,再从暑假起招收新生。这个专业准备开设3个专门化①,两年内一共开出10门专门化课,卢鹤绂一人就打算担任其中5门,暑假后就开出全套的课程和实验。原子核物理研究所从暑期开始设计加速器,计划一年半到两年内把它全部安装完成,并开始供应工业部门及其他科学部门所需要的同位素。②

1958年12月,复旦大学党委决定从化学和物理两系抽调部分师生建立原子能系,以适应国家对核科学与技术方面人才的迫切需要。当时承担的主要任务有质子静电加速器的研制及铀同位素分离研究等。1958年,杨福家先到中科院学习加速器制作技术。后来又参加了原子能研究所第八研究室("同位素和核技术应用研究室")开办的"放射性同位素应用"训练班。

从1959年至1962年,卢鹤绂为了培养年轻人,每周都举办报告会或讨论会。在报告会上,卢鹤绂常常提出一些问题,有两位思路敏捷的年轻教师抢答最快。一位就是杨福家,另一位是理论物理专家倪光炯。③当时,原子能系和原子核所是在一起的。杨福家既是原子能系的助教,也兼任原子核所实验核物理组的组长。这一时期他着重于核探测和 γ 跃迁的研究。他以赵忠尧、何泽惠、杨承宗主编的《原子能的原理和应用》(科学出版社,1956年版)为教材,向所内部分工作人员讲解原子能的基本理论与实验知识,对加快青年科技人员的成长起到积极的引领作用。④

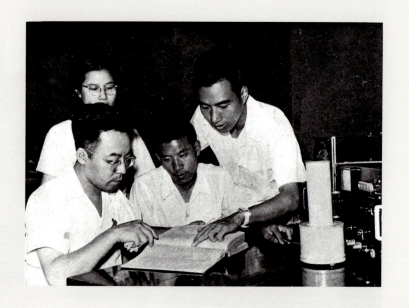

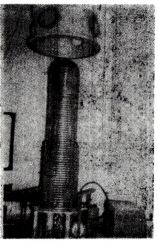

$\frac{1}{2}$

❶ 1959年,原子能系卢鹤绂教授帮助青年教师准备实验。

❷ 复旦大学的3兆电子伏质子静电加速器。图片引自桂伟燮、洪忠悌《粒子加速器原理》,原子能出版社1984年版,第91页;也可参见任炽刚、承焕生、汤国魂、陈建新等《质子X荧光分析和质子显微镜》,原子能出版社1981年版,第77页。

---

① "专门化"是仿照苏联教育体制,为了培养专门人才,在专业划分的基础上所进行的再次细分,使得学生的培养方向细之又细。取消选修课,减少基础课,设置过多的专门化课程,增加了学生的学业负担,也导致学生知识面狭窄,不利于学生的全面发展。
② 卢鹤绂《我们在原子核物理方面的跃进计划》,《复旦》1958年6月14日。
③ 张志尧《中国核能先驱卢鹤绂》,载于古江编著《卢鹤绂侧影》,复旦大学出版社2004年版,第15页。
④ 诸顺林《建所初期的激情岁月》,上海应用物理研究所编《半世纪艰苦创业 两园区同铸辉煌——建所50周年征文集》(内部资料),2008年版。

1960年后，原子核所搬到上海嘉定。原子能系继续进行加速器的研制工作，同时成立了一个有30余名化学、物理教师和工程人员参加的代号为"五八中队"的科研组，主要开展铀同位素分离技术的研究。当时对各种可能用于铀同位素分离的方法进行探索，开始想用化学法分离同位素，曾开展了区域熔融法分离铀同位素和重水，还尝试过反相分配色层和高压电泳等分离法。后来明确主攻分离铀同位素气体扩散法中的核心技术，即分离膜的研制。这项工作训练和培养了青年教师和学生的科研能力。1960年二机部副部长钱三强来复旦视察时，对"五八中队"的工作给予充分肯定。

学校领导对原子能系的工作予以全力支持。因为从1955级开始复旦大学物理系改成5年制，1959年没有毕业生，所以校领导想办法找到高等教育部，让一部分学生以"预备教师"的名义留校，以补充原子能系急需解决的师资问题。当时物理系的副系主任是吴征铠先生。他曾经参加中国高教代表团去苏联考察，亲眼目睹当时苏联社会存在的一些阴暗面。例如，社会上小偷不少，中国代表团成员每个人都被偷过；开很贵的舞会，一张票要花两个月的工资；某讲师得罪了某权威，就评不上教授；等等。吴征铠平时在不少讲话中都流露出对苏联的不满意，并认为苏联不是十全十美的。校党委书记听说后，亲自找吴征铠谈话，"你这些话都可以算是'右派'言论，以后公众中不能乱讲"。可见学校还是保护他的。1960年底，吴征铠调到二机部，参加核武器研究工作，主要负责六氟化铀简法生产的试验以及乙种分离膜①的研制等，为按时生产出为我国第一颗原子弹提供装料用的高浓铀做出卓越的贡献。20世纪90年代，吴征铠还希望能够回到复旦大学工作，他十分怀念在复旦工作8年的愉快时光，怀念复旦优秀的党委领导。遗憾的是，因为各种原因，吴征铠回复旦大学的愿望没有能够实现。

❶ 1952年从浙江大学调入复旦大学的吴征铠教授。

❷ 1993年庆祝吴征铠教授从事教学科研60周年暨80寿辰在复旦大学举行。主席台左起分别为王应睐、杨福家、吴征铠、苏步青、汪猷、秦启宗。致辞人为刘元方。主席台左右两侧悬挂着卢嘉锡和苏步青的亲笔贺词。

❸ 1993年吴征铠80寿辰时在复旦大学发言。他说："过去复旦党委有极好的作风，党委书记王零同志虽然身体不好，但成天和群众一起，对教授以及教师队伍的情况了解极为深入。那时我在复旦觉得一切都很痛快，有时自己说错了话，校党委还会设法补救。所以要我回复旦，我是很愿意的，而且我一生最大的兴趣在于教育。"②

① 乙种为片状，甲种为管状。
② 吴征铠《我的一生》，原子能出版社2006年版，第53页。

仅仅一年时间，原子能系建设成绩斐然。在实验室建设方面，不仅制成成套的原子核物理和放射化学实验的主要设备，而且大部分已经攻克质量关；不仅能满足教学需要，而且能用以进行科学研究工作。在课程建设方面，基本上已准备好全部专业课程，排出了实验，编写了10门教材，而且达到了一定水平。结合实验室建设，还开展了一系列的科学研究，取得了初步成果。已完成论文的资料近25篇，并具有相当高的质量。在事业建设的过程中，也培养了人才。在一年前，放射化学教研组的教师对放射化学中的基本定律也不太懂，放射性元素也没碰过，经过一年的实际工作锻炼，他们不仅已能熟练地进行试验，编写了教材，而且初步了解了现代放射化学的发展方向。有许多提前两年毕业的学生，不仅能熟练地进行原子核物理实验，还能进行总结和科学报告，大部分同志对原子能有了比较全面的了解，明确了自己努力的方向。①

1960年，杨福家在24岁时被任命为新成立的原子能系副主任。校党委第一副书记王零（1918—2010）兼任主任，实际上所有的工作都由杨福家主持。杨福家开出了"核能谱学"等课程，很受学生欢迎。同时，杨福家兼任加速器组组长。在他的主持下，300万电子伏特的质子静电加速器建造完成并进行调试。1965年这台加速器开始在复旦运转。虽然当时主要崇尚干实事，而不是著书立说，但是杨福家仍在繁忙的工作之余撰写、发表了数篇科研论文，表现出科研的潜质。

❶ 杨福家等撰写的《复合核反应产物角分布90°不对称性的研究》发表于《复旦大学学报（自然科学）》1963年第3期。合作者施义晋后来成为中国原子能科学研究院研究员。论文大量引用英语和俄语的最新文献，英文摘要流畅可读。这显示了杨福家在20世纪60年代的专业研究已经与国际前沿研究接轨，也证明了他在北京外语学院参加赴丹麦集训前已经具备了娴熟的英语（及俄语）应用能力。当负责老师提及杨福家英语不好时，激起了他的斗志，在短时间内提高了英语口语表达能力。

❷ 2005年2月12日，杨福家、彭秀玲看望复旦大学老领导王零同志，王零（右一）激动地拿出登载杨福家就任英国诺丁汉大学校长的长篇报道的报纸。杨福家多次说："没有王零，就没有我的今天。""王零同志的一生是为革命事业献身的一生，是艰苦朴素的一生，是关怀年青人、不断给年青人创造机会的一生。我有幸在他指引下，为国家的科技、教育事业做出一些微薄的贡献。""回忆起过去在王零同志关怀下复旦蒸蒸日上的年代，令人终生难忘。""我们这代复旦人，将永远怀念他！"

---

① 《原子能系一年建设成绩斐然》，《复旦》1960年1月8日。

三、两弹元勋结情谊

由于专业研究，杨福家工作伊始就与很多献身中国核武器事业的核物理专家有过交往。这些专家后来有不少人获得"两弹一星"功勋奖章，成为世人景仰的"两弹元勋"。这些功勋科学家一般都比杨福家年长十几岁，有的还只不过大了几岁。他们亦师亦友，结下深厚的情谊。杨福家一直以他们的光辉事迹激励自己，为祖国的繁荣富强而奋斗不息。

钱三强（1913—1992）是国际著名核物理学家，因与何泽慧一起发现核的三分裂而闻名于世。他担任二机部副部长兼中国科学院原子能所所长，主持原子弹的研制工作。钱三强当时经常给毛泽东、周恩来等中央领导讲原子能知识，身居高位，闻名全国。但他待人却十分真诚、谦逊，没有一点架子。杨福家当时20岁出头，到北京出差去拜访钱三强，谈完话钱三强借口出去散步，坚持亲自送杨福家到车站。1960年钱三强到上海视察和指导工作，对杨福家领导下的"五八中队"的工作留下深刻印象。

钱三强知人善任，邓稼先、朱光亚、周光召、王淦昌、彭桓武等两弹元勋都是经他推荐才得以参加研制原子弹的"596工程"。1961年他向复旦大学提出调杨福家到北京，实际上就是参加原子弹的研制工作。但复旦大学领导爱惜人才，不肯轻易放走杨福家。再加上当时风气较好，在哪儿也都是为了社会主义建设工作，钱三强认为复旦大学的工作也很重要，就没有再坚持。

钱三强十分关心杨福家的成长。1963年，中国科学院有两个名额去丹麦哥本哈根理论研究所留学。这个留学机会在当时是极其宝贵的。钱三强提出要在全国范围内选拔合适人选，而不应仅限于中国科学院内部。这样杨福家才有了机会。他经复旦大学推荐参加选拔，通过考核后最终成行。到丹麦留学，改变了杨福家一生的道路。

多年以来，每当杨福家在事业上前进一步，他总忘不了要向钱三强先生及时汇报。1988年5月2日，杨福家培养的3名博士生通过论文答辩，成为我国第一批获得实验核物理学博士学位的博士。杨福家难以抑制内心的激动，提笔给钱三强写信。信中写道："尊敬的钱三强教授：最近，我们自己培养的首批实验核物理博士生在我校获博士学位。此时此刻，我们想到了您——我国的实验核物理的开拓者。特致此函，向您致意，并附上消息两则。我还常记得25年前赴丹麦前夕您在中关村一座大楼内对我的教益，它常常鼓励我的工作与学习。在健康条件许可下，欢迎您与何先生能光临上海参观指导。"[①]

在两弹元勋中，杨福家曾和邓稼先（1924—1986）一起并肩工作过。1984年10月，杨福家和邓稼先同机去西北的核试验场。想到那里的一切，杨福家油然而生一种悲壮之情。沙漠、戈壁滩中的核基地，冬天气温达到零下30℃。杨福家住的还是当时基地最好的房间，房间中有火墙，但是露天厕所离住房仍有百米之远，基地的生活与工作的艰苦是可想而知的。[②]一天清早，一位不速之客推门而入，原来是胡思得听说杨福家来基地了，特地来看望老同学。这是他们自从复旦大学毕业26年后的第一次重逢！两人紧紧握住双手，都流下激动的热泪。因为长年在这样艰苦的环境里超负荷工作，记忆中那个意气风发的小伙子已经满面风霜，而且腿部已经落下残疾！胡思得说，60年代这里四周是茫茫一片戈壁、沙漠，工作室仅是几顶帐篷。夏天烈日当头如火炉；冬天还要在零下二十几度的环境中工作，有时早晨醒来，连被子也揭不开，连人呼出的水汽都凝结成冰！

杨福家曾应邀去邓稼先在北京的家里。他进门就一下子被震撼住：这位从国外归来、为国家做出杰出贡献、与高干女儿结婚的科学家，他的家要比自己当时所住的学校教职工宿舍还要简陋！家里陈设十分简单，破旧的桌子连抽屉都没有！1984年冬天，杨福家和邓稼先经常一起讨论工作，他也更增加了对这位师长和朋友的仰慕。邓稼先是我们国家的两弹元勋，却是那么谦虚、那么简朴！当时邓稼先不顾身体病弱，还坚持和杨福家一起进入核爆炸的山洞，那是邓稼先最后一次进入山洞。很深的山洞，两人一起晚上9点半进去，11点半出来。那次试验是试验第二代核武器，核武器在高空爆炸后，在保持生物杀伤力的同时，对物质环境的破坏较小。试验成功让邓稼先非常兴奋，这是他一生事业的第三个里程碑。[③]第二天邓稼先就病倒了，他为中国核武器技术的发展改进、实现新的跨越耗尽了全部的心血！

---

① 葛能全《钱三强年谱》，山东友谊出版社2002年版，第329页。
② 杨福家《从中国的核弹元勋看我们的责任》，《大学科技》1987年第3期。
③ 高渊《邓稼先真实的28年——许进忆姑爹》，《解放日报》2019年10月29日。

1988.3.4
新民晚报
日版 2版

我培养出首批核物理博士生

三位博士生在复旦通过论文答辩

本报讯 我国首批实验核物理博士生方渡飞、顾牡、邹亚明（女），1日和2日在复旦大学顺利通过论文答辩。他们的导师是著名的物理学家杨福家教授。中国科学院学部委员何祚庥教授参加答辩会和评审工作。

实验核物理既从事基础理论研究，又从事与国民经济密切联系的应用研究，具有广阔的发展前景。方渡飞等三位博士生的研究工作，在国际上具有先进性，其成果在某些领域填补了空白。他们的论文受到专家们的好评。 （王增藩）

◁•▷　　◁•▷

❶ 1973年4月，奥格·玻尔访问中国科学院原子能所，钱三强接待。右一为卓益忠。

❷ 1982年钱三强访问复旦大学。左起分别为卢鹤绂、钱三强、杨福家、华中一。

❸ 《解放日报》报道我国首批3名实验核物理学博士生通过论文答辩。

❹ 2004年9月15日，杨福家在邓稼先塑像前留影。

杨福家说："邓稼先教授在20世纪50年代初从美国归来后就鲜为人知，但他为祖国的核科学事业献出自己的毕生精力。他与杨振宁教授是同年代的人，但他对祖国的贡献绝不是能用诺贝尔奖所表达的。他虽然离开了我们，但人民会永远怀念他。安徒生、玻尔使500万人口的小国闪闪发光，同样，以邓稼先为代表的一大批中国知识分子，使我们这个千年的文明古国，在世界民族之林又重放出青春的光华。"①

❺ 平洞地下核试验用的测试廊道。引自吕敏《程开甲院士与中国的核试验》一文，载于《现代物理知识》2014年第4期。

❻ 20世纪80年代，（右起）于敏、陈能宽、邓稼先、高潮、胡仁宇等在新疆马兰核试验基地。

1		4	
2	3	5	6

---

① 方鸿辉、陈建新《博学笃志 切问近思——杨福家院士的科学与人文思考》，上海教育出版社2016年版，第120页。

邓稼先先生的名字在他1986年逝世之前鲜为人知。他是中国的核弹元勋，曾为共和国的核弹上天鞠躬尽瘁。邓稼先先生是20世纪50年代从美国回来的，他的许多师兄弟都已获得诺贝尔奖，拥有优裕的生活条件和崇高的社会地位，而他早年毅然离开生活舒适、工作条件优越的环境，回到祖国，厮守在荒芜的土地上，悄然无声地开垦中国核武器事业的处女地。就连他在北京治病期间，他还是吊着排泄瓶，挤上公共汽车，去北京图书馆翻阅资料。他在追求什么呢？如果没有他们这批人的奉献，今日中国在世界上的地位又会是怎样的呢？

正是以邓稼先为杰出代表的爱国科学家的艰苦奋斗，才有中国核武器事业的成功。邓稼先讲过一句话："一个科学家能把所有的知识和智慧奉献给祖国，使中华民族摆脱任人宰割的命运，还有什么比这更令人骄傲和自豪的呢？"他和杨振宁是同学、同乡，一起在美国获得博士学位。1971年杨振宁回到中国的时候见到了邓稼先，问他："中国发展核武器有没有外国人帮忙？"杨振宁提这个问题很自然，因为在美国有三分之二的核科学家都来自欧洲，苏联发展核武器也是靠欧洲科学家帮忙，欧洲科学家出于对新生社会主义国家的同情，并认为只有一个国家拥有核武器，世界是不会太平的，因此他们出手帮助了苏联。一个星期后，杨振宁在上海吃晚饭时，他收到一张邓稼先写的条子，上面写着"我调查过，确实是中国自力更生的结果"。杨振宁看到这张条子情不自禁地流下眼泪。因为他知道，在中国当时艰苦的环境里，要取得这样的成功，需要攻克多少艰难险阻！

杨福家在接受《中国国防报》记者采访时，曾动情地回忆起这段经历，并引用诗歌讴歌这位两弹元勋："邓稼先最后一次去新疆时，我和他一起深夜进山洞，从那次分手后，他再没能回到他奉献了一生的核基地。他的人生目标就是要让祖国富强。因此，得过诺贝尔奖的杨振宁最钦佩他这个生前没什么名气的同学。在邓稼先逝世后，杨振宁写了一首诗，其中有几句是：'天府杨柳塞上烟，问君此去几时还？……实验场上惊雷动，江河源头捷报传。'"①

杨福家一直以邓稼先为榜样勉励自己。"邓稼先是杨振宁的同学。邓稼先没有拿诺贝尔奖，但绝对不能说就比杨振宁差。"他认为邓稼先的成就绝非诺贝尔奖所能估价的。每个中国人都能掂量出以邓稼先为代表的两弹英雄群体所舍弃的与所献出的分量。杨福家引用爱因斯坦在评价居里夫人伟大人格时曾说过的话，"居里夫人的品德力量和热忱，哪怕只要有一小部分存在于欧洲知识分子中间，欧洲就会面临一个比较光明的未来"。他感慨地说："看看邓稼先先生走过的人生道路，试想一下，中国知识分子应该具备有怎样的热忱和品德来迎接中国光明的未来。"

两弹元勋于敏（1926—2019）是杨福家最尊敬的一位物理学家。于敏人称"国产专家一号"，他尽管没有出国留学，但他对我们国家做出巨大贡献。他是当代中国最伟大的物理学家。于敏80岁时被世人誉为"中国的氢弹之父"。"这个人土生土长，可以说几十年才出这样的一个人！"②

1949年于敏从北京大学毕业，成为新中国成立后第一批大学毕业生。1951年他研究生毕业，在著名物理学家钱三强任所长的近代物理所开始从事原子核物理理论研究工作。他广泛地阅读核物理文献，与杨福家一样，他当时也特别精读了梅耶（M. G. Mayer）和金圣（J. H. D. Jensen）合写的《原子核壳结构基本理论》。于敏在反反复复地研读梅耶的论文时发现，梅耶之所以能创立壳模型理论，除了她有坚实的物理基础和数学功底外，很重要的一点是她非常重视物理实验。她的壳模型理论正是在分析大量物理实验的基础上建立起来的。③于敏在短短几年里崭露头角，发表论文30余篇，他与杨立铭合著的《原子核理论》成为20世纪60年代大专院校有关专业的教材。于敏在核结构和核反应方面取得很大成就。钱三强对他的评价是"填补了我国原子核理论工作的空白"。当时，世界著名物理学家奥格·玻尔访华作学术报告，请于敏担任翻译。于敏才华横溢，奥格·玻尔赞不绝口，称他是中国"出类拔萃的人"。杨福家在丹麦留学时，奥格·玻尔多次和杨福家说起于敏，希望他也能来丹麦工作。但当时于敏已经参加氢弹的研究工作，当然不能离开祖国。于敏曾说，他没有机会到国外学习深造交流，这对一个科学家来说是很大的遗憾；如果自己年轻时能够出国进修或留学，对国家、对科学的贡献或许会更大。

---

① 《加强跨世纪青年的民族气节教育》，《中国国防报》1997年1月24日。
② 梁伯枢《跨文化与跨国引才》，中国社会出版社2016年版，第91页。
③ 应阳君、李绍孟《于敏和氢弹原理突破的百日会战》，《现代物理知识》2014年第4期。

- 1999年9月18日，在表彰为研制"两弹一星"做出突出贡献的科技专家大会上，于敏被授予"两弹一星"功勋科学家奖章，并代表23位获奖科学家发言。2015年1月9日，89岁的于敏坐着轮椅在人民大会堂接过习近平主席亲自颁发的"2014年度国家最高科学技术奖"荣誉证书。2018年12月18日，在庆祝改革开放40周年大会上，于敏等100名同志被党中央、国务院授予"改革先锋"称号。2019年9月17日，国家主席习近平签署主席令，授予于敏"共和国勋章"。

  常有人把于敏称为"中国的氢弹之父"，但他自己一直不同意这种说法。他常说，核武器是成千上万人的事业，至于他自己，在氢弹的理论设计中是"学术领导人之一"。"亲历新旧两时代，愿将一生献宏谋。身为一叶无轻重，众志成城镇贼酋。"这是于敏先生73岁时写下的《抒怀》诗中的两句。兢兢业业、为党为国奉献一生的于敏是中国知识分子的楷模。

"于敏有他的才能，国家给了他机会。原子弹相对来讲是比较容易造的，氢弹则是很难造的。氢弹怎么弄，国外是学不到的，这些难关就是于敏攻破的，很了不起。"①于敏是中国20世纪50年代杰出的物理学家之一。1961年1月，钱三强找于敏谈话，让他去研究核武器。于敏对研究核武器并没有兴趣，但是爱国主义压过兴趣，他当时就答应下来。于敏的家庭背景比较复杂，按当时的标准他是不能参加核武器研究的。钱三强找到周总理坚持要他，经周总理特批，好几年后于敏才得以正式调入二机部第九研究院。于敏积极投身我国氢弹原理探索研究，在艰苦的条件下，夜以继日地忘我奋斗，在工作中曾多次休克，与死神擦肩而过。中国以比其他国家快得多的速度，实现从原子弹到氢弹的里程碑性质的突破，大家公认是于敏在攻关中起到关键性作用。于敏既有超群的个人才华，又善于吸纳集体智慧，殚精竭虑、奋斗不息，为我国核武器事业建立了卓尔不凡的功勋。

在氢弹突破之后，20世纪七八十年代，于敏担任核武器理论研究所副所长、副院长兼理论研究所所长等职务，担负起理论设计主要技术领头人和组织者的重任，主抓二代核武器小型化和中子弹研制。于敏建议主炸药球的体积和重量要有较大幅度的减小，并提高炸药有效利用率。在王淦昌、陈能宽等老专家指导下，被称为"五朵金花"的几个方案相继提出，有效解决了炸药部件小型化问题，经过全面研制攻关，取得了初级小型化的重大突破。于敏还担任中子弹物理设计的主帅，组织理论研究所开展深入细致的基础性探索研究和技术指标论证工作，确定抓住实现聚变的3个主要环节，解决设计中结构、材料的难点，为研制成功中子弹开辟了一条新的技术途径，实现了我国核武器技术的又一个重大突破。②原子弹、氢弹、中子弹、核武器小型化……这是于敏和他的同事们用热血书写的一座座振奋民族精神的历史丰碑！③

于敏很喜欢中国古典文学，特别欣赏《三国演义》中诸葛亮的形象。他的家里悬挂着"淡泊以明志，宁静以致远"的书法作品。1984年12月，在新疆核试验基地的一次关键性核爆炸试验开始前，九院副院长陈能宽（1923—2016）一时感慨，脱口而出，背起诸葛亮的《后出师表》，于敏接口背诵，两人你一句我一句地往下背，两位元勋赤胆忠心的报国之情令在座者无不动容！④

---

① 梁伯枢《跨文化与跨国引才》，中国社会出版社2016年版，第91-92页。
② 朱祖良《德才双馨 风高范远》，载于《于敏院士八十华诞文集》编辑委员会《于敏院士八十华诞文集》，原子能出版社2006年版，第68页。
③ 董瑞丰《于敏，一个曾经绝密28年的名字》，新华社，2019年9月18日。
④ 陈海波《于敏：愿将一生献宏谋》，《光明日报》2015年1月10日；张天南、付思远、潘振军《沉默是金》，《解放军报》2019年4月12日。

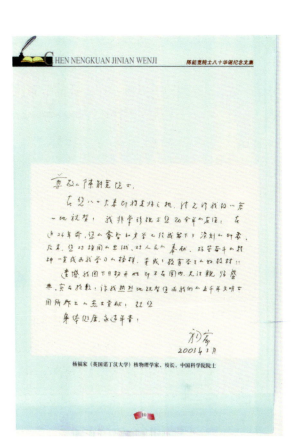
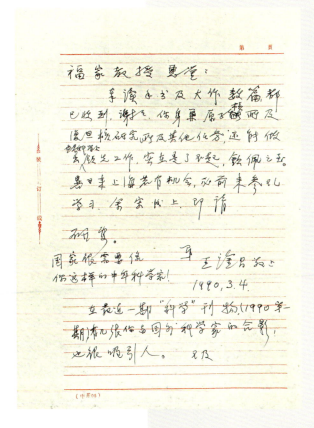

❶ 1979年5月至6月，美国武器研究院主任阿格纽（Harold M. Agnew, 1921—2013）先生访问中国。他5月21日飞抵上海，29日来到北京，杨福家全程陪同。阿格纽是杨振宁、李政道的同学。这次访问中国，他和杨福家见面时说了一句非常自豪的话："我的同班同学杨振宁、李政道等都拿了诺贝尔奖，而我没拿，但我对国家的贡献可以用两个院士来表示。我既是科学院院士，又是工程院院士。"他是美国在日本投放原子弹时在飞机上的两位科学家之一。前排右起分别为陈能宽、王淦昌、阿格纽夫人、张爱萍、阿格纽等；后排左三为程开甲、右三为杨福家。摄于1979年6月2日，北京。

❷ 左起分别为陈能宽、杨福家、何泽慧。摄于1994年3月29日，四川。

❸ 杨福家给陈能宽的信。杨福家写道："在您八十大寿即将来临之际，请允许我致以衷心的祝贺！我非常珍视与您20余年的友谊！在近24年前，您的睿智和才学已给我留下了深刻的印象，后来，您对祖国的忠诚、对人民的奉献、艰苦奋斗的精神一直成为我学习的榜样，并成了教育学生的好教材！遗憾，我因下月初开始即不在国内，无法亲临盛典，实在抱歉！让我热烈地祝贺您为我们的五千年文明古国所做出的杰出贡献！"

❹ 王淦昌先生1990年3月4日来信。王淦昌与卢鹤绂两位先生在浙江大学物理系共事多年，是李政道在该校学习期间的老师。1976年杨福家发表"氚氢子体测量公式"的文章后，王淦昌先生称赞这篇文章"在学术与应用方面都极有价值"。在这封信里，他称赞杨福家："身兼原子核所及复旦核研究所及其他任务，还能做出世界科学的领先工作，实在是了不起，钦佩之至。""国家很需要像你这样的中年科学家！"

❺ 杨福家和朱光亚，摄于2000年。

如果于敏沿着原子核理论研究的道路继续走下去，他的名字一定能够列入世界著名核物理学家之林。但祖国的利益高于一切！于敏隐姓埋名消失在艰苦的戈壁大漠中，直到30余年后，他的事迹才渐渐被公众知晓。① 于敏发自肺腑的精忠报国思想和生死以之的顽强拼搏精神时时激励着杨福家。杨福家说："于敏曾讲过一句话，'中华民族不欺负别人，也决不受人欺负，核武器是一种保障手段'。这种朴素的民族感情和爱国思想一直是我的精神动力。"②

❶ 1988年6月8日，中国代表团访问美国杜克大学。左起分别为郑绍唐、彭翰生、杨福家、杜克大学皮尔普许（Edward G. Bilpuch）教授、美国前国家安全顾问基沃斯、于敏和尤德良。这是于敏唯一一次走出国门。

❷ 1988年6月20日，中国代表团访问美国洛斯·阿拉莫斯国家实验室，考察实验室中基础理论学者参与研究的情况。出于保密的原因，于敏和国际同行并不能畅所欲言地交流。他说："我这一生在和别人的交流方面有无法弥补的欠缺。博学，就必须交谈，交谈就不能是单方面的，不能是'半导体'，必须双向交流。但从我所从事的工作来讲，和外面接触总有一个'阀门'，因此交谈起来吞吞吐吐、很别扭。不能见多识广，哪能博学？"③ 他说，"土专家"不足为法，科学需要开放交流和广阔视野，"如果生在现在，重新上大学，我当然会留学"。但留学后需要"回国再给国家做点事儿"，而且"不要到老了才回来，落叶归根只能起点肥料作用，应该在开花结果的时候回来"。④ 左起分别为尤德良、彭翰生、于敏、杨福家、陶祖聪、郑绍唐⑤。

---

① 1982年，于敏作为第四完成人的"原子弹氢弹设计原理中的物理力学数学理论问题"研究，荣获国家自然科学奖一等奖。1987年，他作为第二完成人的"气态引爆弹装置的突破"，荣获国家科学技术进步奖特等奖。1988年，他作为第一完成人的"中子弹装置的突破"，荣获国家科学技术进步奖特等奖。但当时这些奖项连名称都没有公布。参见李宏《中国氢弹元勋于敏》，载于余力《神圣禁区：共和国武库揭秘》，团结出版社1993年版，第329-330页；宋春丹《氢弹元勋于敏的"诸葛亮情结"》，载于《中国新闻周刊》2019年第4期。

② 杨福家《从复旦到诺丁汉》，上海交通大学出版社2013年版，第209-210页。

③ 桂长林《中国科技成就概览》，合肥工业大学出版社2011年版，第458页。

④ 陈海波《于敏：愿将一生献宏谋》，《光明日报》2015年1月10日。

⑤《于敏院士八十华诞文集》编辑委员会《于敏院士八十寿诞文集》，原子能出版社2006年版，"照片选辑"部分第17页。

1
2

❶ 1990年5月18日，于敏（左一）会见来华访问的皮尔普许夫妇（左二、左三）。参加会见的有谢希德（左四）、郑绍唐（右四）、彭秀玲（右三）、杨福家（右二）等。

❷ 2012年10月28日，杨福家和核研究院院长胡思得（左），中国工程院院士、某核试验基地副司令钱绍钧中将（右）合影。杨福家说："在任何时刻必须提倡艰苦奋斗的精神。任何人要在事业上有所成就，在科学上有所创新，必须具有艰苦奋斗的高尚品质。要教育青年：在通向成功的道路上，无捷径可走。与我十分熟悉的、曾任核试验基地副司令的钱绍钧中将、核研究院院长胡思得教授都经历过十分艰苦的生活条件和工作环境，并克服科技上的一个又一个困难。他们是新中国高等教育培养的优秀学者。"（杨福家《在国家教委直属高校咨询工作会议上的讲话》，1994年10月，杭州）

$\dfrac{1}{2}$

❶ 2001年4月13日,杨福家在西安某基地与指战员合影。左三为钱绍钧中将,右三为中国工程院院士邱爱慈少将。

❷ "一个科学家能把自己所有的知识和智慧奉献给他的祖国,使得中华民族完全摆脱了任人宰割的危机,还有什么比这更让人自豪、骄傲的呢?" 2016年11月10日,杨福家为复旦大学文科学生开设核武器知识讲座,历数推动中国核事业发展的杰出贡献者,激励同学们学习科学家精神,为国家、为人民贡献全部力量。

第四章

开创性的中外学术交流

新中国成立后，西方国家联合对我国实行孤立、封锁政策，与我国的各种交往长期濒于断绝。杨福家是新中国成立后第一批到西方留学的科学家，他的出国留学是新中国教育交流史上的一个标志性事件。"鲲鹏展翅九万里。"杨福家辞家远游，带着祖国人民的殷切期望和复旦师长的谆谆嘱托，在异国他乡勤奋学习，为祖国也为母校赢得了荣誉。"文化大革命"十年中，杨福家积极邀请外国专家访华，"文化大革命"结束后，他又率先到国外考察访问，为促进新中国开展国际科技和文化交流与合作，做出了开创性的贡献。

一、留学物理学界"圣地"

1963年，杨福家作为新中国第一批派往西方国家留学的科技人员，来到哥本哈根理论物理研究所，开始了预期一年（后延长一年，即1963年10月至1965年9月）的留学生涯。

哥本哈根理论物理研究所是世界著名的"物理学研究圣地"，由20世纪伟大的物理学家尼尔斯·玻尔（Niels Bohr，1885—1962）创建。近代物理学大厦的基础——量子力学，就是在玻尔思想的影响下，由一批杰出物理学家共同建立的。这里诞生的量子理论和原子结构理论，对现代人类文明的进步和发展起着决定性作用。哥本哈根理论物理研究所（1965年10月7日更名为"玻尔研究所"），在尼尔斯·玻尔和他儿子奥格·玻尔（1922—2009，1975年诺贝尔物理学奖得主）的领导下，早已成为世界上重要的物理学研究中心。

1962年10月，奥格·玻尔受父亲指派来到中国访问，在上海科学会堂作"原子核的集体运动"演讲，在北京代表丹麦政府和玻尔研究所与中国签订了合作交流协议，这是西方科学界中第一个与新中国建立交流合作关系的政府和机构。当时年仅26岁、刚留校工作4年还是助教职称的杨福家，就受惠于这个协议，成为首批被派遣去哥本哈根玻尔研究所的两名中国学者之一。

Niels Bohrs våbenskjold. Teksten »Contraria sunt complementa« – modsætningerne er komplementære – valgte han efter omhyggeligt at have gennemdiskuteret den med sin mangeårige ven, orientalisten Johs. Pedersen, som da var formand for Carlsbergfondets direktion.

2	3
1	

❶ 玻尔全家福。尼尔斯·玻尔有 6 个儿子，最后去世的是五子厄内斯特·玻尔（Ernest Bohr，1924—2018），他继承了父辈的运动天赋，年轻时是丹麦著名国家运动员，后成为律师，于 2018 年 2 月 93 岁时逝世。

❷ 玻尔三代科学家。右为尼尔斯·玻尔，左为四子奥格·玻尔，中为孙子威廉·玻尔。

❸ 有显著中国文化元素的玻尔家族族徽。1947 年丹麦国王腓特烈九世授予尼尔斯·玻尔"宝象勋章"（丹麦语为"Elefantordenen"），按照惯例，受勋者应拥有自己的族徽。尼尔斯·玻尔亲自设计了中心图案为一个"太极图"的族徽，表达了他主张的互补原理，也体现了他对中国古代文明的崇敬之意。徽章上的拉丁文箴言"CONTRARIA SUNT COMPLEMENTA"意为"对立即互补"（"Contraries Are Complements"）。

杨福家通过层层选拔，在通过北京外语学院的外语培训考核后，顺利奔赴丹麦哥本哈根的理论物理研究所，从事核反应能谱方面的研究。该所与美英科学界交流频繁，可以很方便地了解物理学前沿成果。对于中国学者来说，能前往该所学习与研究是不可多得的机会。杨福家在丹麦接触到当时最前沿的核物理研究工作，为回国后继续从事物理学教学研究及参与国际学术交流打下坚实的基础。

杨福家在玻尔研究所留学的身份是博士后研究员（visiting doctor）。该所 50 多位学者大多在西方发达国家获得博士学位，而他实际上只是一个本科毕业才 5 年的讲师，又来自科技相对落后的中国，精神上的压力是相当大的。但他奋起直追，很快适应了这里的学习和研究生活。

1	2
3	4

❶ 1930年在哥本哈根理论物理研究所大教室召开哥本哈根会议。前排的玻尔（左二）、海森堡（左三）、泡利（左四）、朗道（左六）分别获得1922年、1932年、1945年、1962年诺贝尔物理学奖。

　　杨福家说："它（哥本哈根理论物理研究所）有一个6排位置、仅能容纳100人的教室，一点也谈不上豪华。我记得1963年第一次到哥本哈根，布朗教授到飞机场来接我，然后就直接到这个教室去听Seminar。教室的一面墙上挂着玻尔的照片，另一面挂着两张非常有历史纪念意义的照片。照片是1936年哥本哈根的物理会议，上面坐的很多人后来都拿了诺贝尔奖，包括朗道、泡利、海森堡等。1964年海森堡在哥本哈根做报告时我在场，他在报告中讲的故事令我终生难忘。"

❷ "SUSPENDED IN LANGUAGE"，铭牌上有该所4位诺贝尔奖得主的名字，摄于2015年6月9日。

❸ 2005年7月20日，杨福家与甄建国大使访问丹麦玻尔研究所，在哥本哈根会议照片前留影。杨福家赴丹麦留学前，校领导曾嘱咐他，在玻尔研究所中，外国学者很多，主要又来自美国，如何与美国人相处，要多请示大使馆。到丹麦后，大使馆袁鲁林参赞也鼓励杨福家多走多看、多交朋友，这让杨福家终身受益。

❹ 1963年10月，杨福家初到哥本哈根。

❶ 杨福家在丹麦工作期间玻尔研究所的俯瞰图。玻尔研究所建于1921年,到1960年代已经扩建数次。右边的高大建筑属于哥本哈根大学其他研究所。

❷ 杨福家在丹麦工作期间的玻尔研究所,大门上方有"UNIVERSITETETS INSTITUT FOR TEORETISK FYSIK 1920" 3行字。

玻尔研究所非常重视理论和实验相结合。该所原来的名字是"理论物理研究所"。实际上,"理论物理"的意思是"基础物理",这正是尼尔斯·玻尔的原意。玻尔研究所里理论和实验从来不会截然分开。奥格·玻尔和莫特逊等理论学者,很喜欢到实验室来和年轻人讨论,在实验讨论会也时常首先发言,他们对实验技术都有清晰的了解。当时的实验骨干、工程师出身的比扬霍姆(Sven Bjønholm,1973年随奥格·玻尔来华访问)、纳坦(Ove Nathan,1926—2002,在1982—1994年期间任哥本哈根大学校长),在理论上的造诣都很深厚,两人分别于1965年、1964年获得博士学位,后又升为教授,他们在讨论会上与研究理论的人有共同语言。

玻尔研究所的优良实验条件远非国内可比,这里有当时世界上最先进的串列静电加速器,这里能接触到最新、最前沿的文献。该所与世界上几十个研究单位有联系,国际物理界的重要科技情报往往在几天内就能到达(1970年代起,直拨电话更是通向世界各国)。该所定期向各国有关单位寄送本所发表的论文预印本,比正式发表一般至少要早半年;作为交换,也经常收到其他研究所寄来的预印本。每年召开的国际学术会议,该所均有人参加并提出报告,同时还及时邀请取得重大科研成果的学者来所讲学,以尽快得到第一手资料。

杨福家来到这里,徜徉在知识的海洋里,如鱼得水。他当时在串列静电加速器上所做的第一个实验研究题目,就是莫特逊教授(Ben R. Mottelson,1926—2022)建议的。当时玻尔研究所的所长是奥格·玻尔教授。早在1950年代,他就和莫特逊对一种核运动状态作出预言:在中子数为82的一些原子核内有一些特殊的状态。但这仅仅是预言,多年来没有得到实验的证实。杨福家来到玻尔研究所后,对两位教授的预言很感兴趣。特别是在莫特逊教授的建议下,他决心以此为研究课题,与另一位丹麦学者一头扎进实验室来寻找这种状态。

❶ (左起)奥格·玻尔、杨福家和莫特逊。

❷ 杨福家当时所在的世界上最先进的串列静电加速器实验室,摄于1965年。

```
Experimental Group Meeting at the Risø department,
November 12th, 1963.

1. row:    B. Elbek - T. Lauritsen - G.B. Hagemann - Aa. Bohr
           B. Mottelson - G. McManus - M.A. Preston - S. Holm
           B. Zeidman.

2. row:    O. Nathan - D.G. Burke - B. Herskind - C.J. Veje
           T. Huus - P. Høy-Christensen - C. Shakin - R. Graetzer
           H. Lütken - J. Bondorf.

3. row:    S. Bjørnholm - B. Diehl - M. Olesen - J. le Tourneux
           A.F. Garfinkel - P. Vedelsby - B. Madsen - M. Kregar
           J. Borggreen - H. Fuchs - A.F. de Miranda - F. Yang
           P. Rex Christensen - L. Sips.
```

第四章 开创性的中外学术交流

❶ 1963年11月12日,实验小组合影。后排右三为杨福家。

❷ 实验小组合影者名单,由尼尔斯·玻尔文献馆(Niels Bohr Archive)提供。

杨福家后来从复旦大学物理系周同庆教授的讲义中获得灵感：可以仿照寻找原子状态的两种方法，来寻找原子核的状态。但是经过无数次实验，寻来觅去还是一无所获，毛病究竟出在哪里？玻尔研究所学术风气很好，到处可以找人讨论。杨福家也很喜欢和一些不同领域的专家一起讨论。所里一位化学家在和他聊天时说，可能实验用的靶子有问题，应该做一个非常纯的靶子。这提醒了杨福家，他和合作伙伴花了很大的精力，做成纯度很高的稀土元素金属靶。这在当时是一个创举，因为这类高丰度的稀土元素很昂贵，1毫克便要200美元。在经历了许多个夜以继日的工作后，实验终于获得成功：1964年2月8日凌晨2点30分，杨福家终于看到预期的信号。两位获得诺贝尔奖的科学家提出多年的预言，终于在他手里得到证实！"经历过很多失败后看到了成功，这个时候的喜悦啊，没有经历过是不能体会的。"因为太过劳累，那天在从实验室回郊区公寓的火车上杨福家沉沉睡了一路！试验的结果在当年夏天即在芬兰举办的北欧－荷兰第三次加速器国际会议上作了报告。杨福家所证实的这种运动状态，至今仍被国际核物理学界所引用。奥格·玻尔教授对杨福家在很短的时间内就做出高质量的研究成果非常满意，就向我国大使馆提出，希望杨福家再工作一年。经过批准，杨福家在丹麦玻尔研究所工作延长了将近一年。杨福家的小组也成为所内的热门团队，甚至吸引了美国科学家争相加入。

1	2
3	

❶ 杨福家在丹麦的工作室一角。

❷ 杨福家在丹麦的实验室，1964年2月8日凌晨2点30分在这里的试验获得成功。

❸ 杨福家和好友比扬霍姆，摄于1998年。

杨福家在玻尔研究所工作十分愉快，取得骄人成绩。1964 年 8 月，他在芬兰召开的加速器国际会议上报告"用内转换电子测量方法探测质子和氚非弹性散射激发的球核中的 O^+ 态"；[①] 1965 年 3 月，在丹麦为欢迎著名学者、诺贝尔奖获得者金圣（Johannes Hans Daniel Jensen，1907—1973）而举行的实验核物理会议上，报告"中子单粒子能级的实验测定"。杨福家在大学时就刻苦钻研过金圣的诺贝尔奖课题，他与金圣交流对于原子核壳层模型的研究心得，让金圣震惊不已，不由对来自中国的这位年轻人刮目相看！1965 年 6 月，杨福家在丹麦奥胡斯大学，报告"单中子态的实验研究"；1965 年 7 月，在瑞典诺贝尔研究所，报告"中子数为 82 核区的核反应谱学"。在国际性核物理期刊发表的论文有《中子数为 82 原子核的 O^+ 态》（P. R. Christensen 与杨福家，《核物理》第 72 卷 657 页，1965 年）、《钕^{145}钐^{145}的中子单粒子态》（杨福家与 P. R. Christensen，B. Herskind，R. Bouchers，L. Westgård，丹麦玻尔研究所 Risø 报告，第 105 号，哥本哈根，1965 年。部分内容发表于《核物理》第 A102 卷 502 页，1967 年）、《中子数为 82 核区的核反应谱学研究》（杨福家，丹麦玻尔研究所 Risø 报告，第 117 号，哥本哈根，1965 年）。

杨福家念念不忘玻尔研究所同事对他的热心帮助。玻尔研究所是一个温暖的大集体。在该所工作的大致有 4 种类型的人：搞理论的，搞实验的，搞技术的，搞后勤的。大家分工明确，配合默契。有一次，杨福家在准备通宵实验的前一天，反反复复检查设备的准备情况，他很担心常用的部件会出问题。这时，一位电子技术工程师主动对他说："你要 2 只单道分析器，我给你准备了 10 只。晚上出了问题，可以随时打电话到我家里。"后来，杨福家准备去芬兰开会的报告，一位专门搞制图、摄影的技术员又主动告诉他："你论文中的图，我都给你做好了幻灯片，还做了一些仪器照片可供你在会上使用。"在这样的环境里，科技人员感到工作是很舒心的！

杨福家 1965 年学成归国。他这段博士后经历成果十分丰硕。除了学术水平上的巨大进步外，还为他以后在国际上的交流，尤其是与美国科学界的交流，奠定了非常好的基础。玻尔研究所有句名言"科学植根于讨论"，也成为杨福家日后坚守的"哥本哈根精神"的信条。杨福家在玻尔研究所的很多同事和朋友后来都成为世界科学界举重若轻的权威人士。他积极参加国际会议、参与国际组织，与世界各国的科学家广泛交往，让世界了解中国，也了解他本人，为他后来走上国际教育舞台奠定了坚实基础。

1972 年，奥格·玻尔向罗特格斯大学物理系核物理研究实验室乔治·泰默（Georges Maxime Temmer，1922—1997）教授推荐杨福家，他写道："杨福家于 1963—1965 年在玻尔研究所的串列实验室参加了多个实验核物理项目。他的能力和性格都给我们留下很深刻的印象。他善于学习新技术，得到他同组同事的一致好评。他有独立见解，为人直率、幽默、易于相处。他是一个很有能力的物理学家，我强烈推荐他。"由此可见杨福家在丹麦的博士后研究的成功。

❶ 1990 年奥格·玻尔开具的杨福家博士后经历证明。

❷ 1990 年校长纳坦开具的杨福家博士后经历证明。

❸ 杨福家在罗特格斯大学。

---

① 同题论文（杨福家与 P. R. Christensen）发表于《北欧-荷兰第三次加速器国际会议论文集》（赫尔辛基版，1964 年）。

1979年6月,杨福家再次接到玻尔研究所的访问邀请,去丹麦参加国际性学术会议。奥格·玻尔见到他,用中文写下一句话来表达自己的欣喜与欢迎——"有朋自远方来,不亦乐乎"。奥格·玻尔邀请他在家里住了3天,每夜畅谈到一两点钟。1979年11月,按照中丹文化协定互换学者讲学,奥格·玻尔又特邀杨福家和妻子彭秀玲一同访问丹麦。杨福家笑谈,他可能是改革开放后第一个带夫人出访的科学工作者。杨福家对那次出访所受到的隆重接待印象极为深刻。到丹麦后,奥格·玻尔亲自主持杨福家的学术报告会,亲自陪伴这对年轻夫妇游览。圣诞节前夕,还把他俩邀请到家里,与包括90岁老母亲在内的全家人欢聚。玻尔高兴地说:"我们两家一起过年!"

玻尔如此喜爱杨福家,固然是因为他对中国人民怀有深厚的感情,但更主要的原因还在于杨福家在科学研究中的突出才能、在为人处世中的坦诚正直、在国际交往中的大方从容和优雅得体!

1	
	2

❶ 1979年杨福家和奥格·玻尔摄于丹麦哥本哈根。

❷ 1992年3月30日,奥格·玻尔致信杨福家,祝贺他当选中国科学院学部委员。信中写道:"亲爱的福家:很高兴收到3月7日来信,由衷祝贺你推动中国科学进步的努力获得认可,这个荣誉你当之无愧。我相信,当选院士后,你的努力会因之而获得更多支持。"

❶ 1994年，杨福家和奥格·玻尔在一起。

❷ 2005年7月20日，杨福家与甄建国大使（左二）访问玻尔研究所。

❸ 2005年7月20日，杨福家在奥格·玻尔（右三）家中。

二、哥本哈根精神永存

在国际学术界，特别是物理学界，玻尔研究所的学术空气受到一致的推崇。尼尔斯·玻尔创建的哥本哈根学派所特有的哥本哈根精神，随着量子力学的诞生而诞生，对20世纪科学的发展起着至关重要的引领作用，它是科学界所共有的、最宝贵的财富。

杨福家亲身体验了玻尔研究所独特的学术气氛——繁忙、激动、活泼、欢快、无拘无束。在这个不到百人的研究所中，近70人来自世界各地。1962年尼尔斯·玻尔故世后，奥格·玻尔与本·莫特逊（1975年获诺贝尔物理学奖）就成为公认的学术领袖。两人和蔼可亲，一点儿没有架子。除了演讲外，在实验室、办公室、餐厅，都有机会与他们接触，他们也都喜欢与年轻人讨论问题。大黑板前常常是讨论人群不断。杨福家当时最感兴趣的是餐厅。因为在这个餐厅里，能碰到不同学科的顶尖人物，能听到最前沿的话题。虽然吃得简单，但是一顿午饭常吃上一两个小时，餐厅变成讨论问题的场所。交谈中思维的碰撞，常常会对个人的研究产生意想不到的启发。这种自由随意的学术交流被杨福家幽默地冠名为"吹牛"，他显然很欣赏并乐意参与这种"吹牛"。至于学术讨论会、讲座，每周更是安排得十分紧凑。①

● 玻尔研究所集体合影，摄于1964年，由尼尔斯·玻尔文献馆提供。

---

① 杨福家《博学笃志：知识经济与高等教育》，上海教育出版社2001年版，第160页。

在这里，没有人要你填什么"工作量表"，也没有人催你写文章，更没有人关心谁是文章的第一作者。几次交谈、讨论后，人家对你的水平、努力程度、业绩就一清二楚，你自己也就感到一种无形的压力与动力，新的想法与努力方向也就呈现在脑海中。有经验的前辈学者与你交谈后，如认可你的结果，就会建议你去小会或大会作报告，文章也就自然产生。但是文章在发表前，需要经过一次又一次修改（最后一关是由富有经验的秘书帮你修改文字），然后才能把文章寄出。

这里不追求文章的数量，而力求结果的高质与完美。至于同时具名作者的先后，则有一条不成文的规则——以姓氏字母为序。奥格·玻尔与本·莫特逊两人署名的文章很多，但不管谁是主笔，署名的次序永不改变。因为比排名更为重要的是友谊、合作与团结。①

1978年6月21日，杨福家在《光明日报》发表《丹麦玻尔研究所印象记》，该文被认为是科学界改革开放的一个"信号"；1985年，为纪念玻尔诞辰100周年，杨福家在上海《自然》期刊发表长文《哥本哈根精神》，产生广泛的社会影响。文中分别引用玻尔的挚友、著名物理学家罗森菲耳德给出的"完全自由的判断与讨论的美德"的定义，以及传记作家穆尔的观点，即哥本哈根精神是"高度的智力活动、大胆的涉险精神、深奥的研究内容与快活的乐天主义的混合物"。最通俗易懂的解释当推哥本哈根学派代表、量子力学创立人之一海森堡著名的有关"科学植根于对话之中"的论述："科学植根于对话之中。常有这样的情况，即很难说清谁对问题的解决贡献最大。这是一种集体的天才，或者说是工作中的集体创造性，是某种超乎每个物理学家个人才能之上的东西。"

① 杨福家所撰《丹麦玻尔研究所印象记》一文。

② 2005年7月20日，左起分别为甄建国、奥格·玻尔的长子威廉·玻尔（Vilhelm A. Bohr）、彭秀玲，摄于丹麦。
2013年9月23日威廉·玻尔在上海说："（像玻尔研究所）这样一种研究机构的领导者应该具有与众不同的素质，这种素质或许可以用玻尔的名字'Bohr'中的4个字母的寓意来作概括：'b'（bright），即首先要有足够的聪明，这是前提；但是仅此还不够，还需要有'o'（open），即开放，也就是对新的思维、新的想法，对不同的观点，要有一种开放的心态；再次是'h'，它有两层意思，一是要有幽默感（humor），从事科学研究有很大压力，非常紧张，你必须要能够找到其中的乐趣，能够幽默，幽默能够帮助你解压；'h'的第二个解释也就是谦虚、谦卑（humble），有很多的科学家往往自视甚高、目空一切，尽管他们口头称自己很谦虚，但是心理上不把别人当回事儿，而尼尔斯·玻尔是从心底里感觉别人有很多优点，比自己做得好；最后一个'r'（resources），即资源，做好的科学研究一定需要丰富的资源，这里讲的资源不仅仅是研究经费，也包括在精神上是富足的。正因为有了足够的资源，玻尔才能以百分之百的精力投入研究。"②

1 | 2

---

① 杨福家《创新的基础在教育》，在"21世纪创新教育论坛"上的报告（2000年10月9日，上海）。
② 杨福家等《博雅教育》（第四版），复旦大学出版社2017年版，第152页。

是否重视年轻人、重视讨论，往往是科学事业能否成功的一个关键因素。中国核武器的发展就集中体现了这一点。中国核武器的突飞猛进，曾一度引起国外的纷纷猜忌，甚至有人无中生有地诋毁中国靠的是一些不正当的手段。[1]在这种背景下，杨福家和胡思得合作撰写了《中国的氢弹发展何以如此之快》一文[2]。他们列举了3条理由。第一，因为我国有中央集中领导，能动员国家的一切人力、物力。第二，我们有很优秀的科学家。第三，也是最重要的，我们倡导学术民主。"有专业特长的资深学者与刚刚大学毕业的年轻人坐在一起，七嘴八舌，相互启发，探讨氢弹的奥秘。每个人都有同样的机会提出自己的见解。有时候，初生牛犊不怕虎的年轻人说出一些自己也吃不准的想法，但被有深厚功底的学者抓住并加以综合、升华，然后形成一个粗糙的方案，经过详细计算，认真分析，决定取舍。这种过程不知反复了多少次，讨论会一个又一个，夜以继日，座无虚席，最终才突破了难题，牵到了氢弹的'牛鼻子'！"

著名的理论物理学家彭桓武先生是我国氢弹理论设计的主要领导人之一，他写了一副对联，精辟地描述了中国攻克氢弹的经验："集体集体集集体，日新日新日日新。"试想，如果当时搞氢弹的一批人中有一两个权威高高在上，而年轻人只知道盲从，能以令人震惊的速度解决难题吗？如果当时在座的某些人一直在想，这项研究成功后，哪些人可以获奖，谁将排第几位，这样能够形成生动的讨论氛围吗？这批可歌可泣的科技工作者，为了祖国的国防事业，出于对科学的好奇心与兴趣，甘愿默默无闻，不顾艰苦的生活条件，不断思索，终于以世人无法想象的速度取得巨大的成就。由此可见，重视年轻人，重视平等的讨论，正是中国核武器事业成功的最大秘笈。

科学史上这样的例子不计其数。例如，1911年荷兰科学家翁纳斯（H. Kamerlingh Onnes）发现超导现象，几十年无人解释其缘由，一些大科学家均为此"折腰"。1956年，年仅25岁的年轻人施里弗（John Schrieffer）师从巴丁（John Bardeen，曾因研究半导体并发现晶体管效应而获诺贝尔物理学奖）教授，立志解决这一世界难题。一天下午，他在公园中突然想到一个解决方案，但他认为这个方案太简单了，有点吃不准。两天后他向导师巴丁报告，巴丁立刻看出关键点可能已经找到，马上请年仅26岁的博士后库柏（Leon Cooper）与施里弗一起计算，难题终于解决，3人共同获得了1972年诺贝尔物理学奖。这正是量子力学创立人之一海森堡的那句名言"科学扎根于讨论"的生动体现。只有形成这样的氛围，我们才有可能向创新型国家迈进。

三、特殊年代交流不断

杨福家从丹麦留学回国后，因为要向师生介绍丹麦的情况，所以特地撰写了几篇文章，如《丹麦玻尔研究所印象记》等。但做了3次报告以后，党委书记王零就找他谈话，"你不要再讲了，这样会引起麻烦的"。杨福家于是缄口不言。复旦大学党委书记一直是保护杨福家的。后来"文化大革命"期间有人旧事重提，要批判这篇文章。

"文化大革命"开始，杨福家就被人诬为"里通外国"；被关进黑屋子。杨福家通过一个朋友，给丹麦大使馆的袁鲁林参赞[3]写了一封信。袁鲁林在哥本哈根非常关心杨福家，告诉他与人交朋友也很重要的道理，这对杨福家的帮助很大。袁鲁林十分同情杨福家的遭遇，立即通过官方渠道给军宣队的人发了封正式的函，证明杨福家在丹麦是非常爱国的。函到复旦，工宣队、军宣队两个一把手便找杨福家问话。工宣队头头其实并不了解情况，开口就问杨福家是不是历史问题。杨福家连忙辩解说："解放的时候我才13岁，哪里有历史问题！"工宣队头头沉吟道："这么说那你没有历史问题。"军宣队一把手就接过话茬宣布："那你现在开始解放了。"就这样，杨福家就"解放"了。他是学校点名的第一批恢复党籍、恢复组织生活的教师。但不久他就下放去劳动了。

在"文化大革命"中，杨福家还是比较自由的。早在1972年，就是在美国尼克松总统历史性访问北京的那一年，学校领导就支持他利用与国外的联系邀请外国人来复旦大学，当年杨福家就请到在丹麦奥胡斯大学任教的美国人道许（Bernhard Irwin Deutch，1929—1994）教授到复旦大学工作一个月。当时这种情况在国内是很罕见的。1973年4月，奥格·玻尔率团访问中国，1973年6月，美国科学家代表团来访，杨福家都参与接待。此后，他又邀请不少外国杰出核物理学家来华讲学。

---

[1] Thomas C. Reed, Danny Stillman. *The Nuclear Express: A Political History of the Bomb and Its Proliferation*, Zenith Press, 2009.
[2] 本文发表于《文汇报》（2006年8月20日）。
[3] 杨福家留学时，中国驻丹麦大使为柯伯年（原名李春蕃，1904—1985）。除了袁鲁林外，大使馆还有精通丹麦语的外交官林桦（1927—2005）和朱昌林等。袁鲁林（1921—），上海崇明人。新中国成立后历任中共福建省委宣传部科长、处长，驻芬兰大使馆一等秘书，外交部西欧司专员，驻丹麦大使馆参赞，驻奥地利商务代表，外交部新闻司副司长，驻瑞士大使馆参赞，驻联邦德国大使馆参赞，驻阿曼大使等。

❶ 杨福家和1972年诺贝尔奖获得者施里弗在一起，摄于1988年6月24日。

杨福家很早就认识施里弗，他的夫人是丹麦人。他们第一次在丹麦见面，施里弗亲口讲述他的故事，令杨福家终生难忘。他当时去拜巴丁为师，做他的学生。巴丁问他："你想做什么？"施里弗回答说："你是不是可以给我一些参考建议。"巴丁从抽屉里拿出一张纸，上面有10个题目。施里弗挑了第十个（即超导）作为自己的研究课题。施里弗胆子很大，准备碰硬的。他与一位朋友商量，人家就说，"行啊，你浪费两三年没关系，试着做做吧"。他就去做了。有一天，有朋友请他19:00吃晚饭，结果他17:30就到了。因为早进去不礼貌，他就在附近的草地上坐了下来，一边休息一边思考他的问题，这时他发现这个问题并不是很难，而且很容易解决。但这个题目怎么会这么容易呢？过两天他见到导师，对导师说那个问题并不难，似乎很容易解决。巴丁一听，眼睛一亮，"行了！这个问题的关键被你抓住了"！所以，事实上很多问题恐怕很简单，只是上了年纪的人、保守的人被束缚住，一般很难从另一角度思考问题。然后，巴丁就叫施里弗的师兄库珀一起来计算。库珀是搞场论的，巴丁是搞半导体的，并且他们因制造出人类第一个半导体晶体管而获得1965年的诺贝尔奖。巴丁请库珀与施里弗一起合作，算了好久，最终把结果计算出来。年轻的施里弗就是突破了最难的地方，依靠老师的掌舵，给他指明方向，而究竟对不对则由他的师兄库珀一起来证明，然后这3个人分享了1972年的诺贝尔奖。（摘自杨福家的谈话）

❷ 2004年10月21日，与陈省身（1911—2004，左一）、杨振宁（右一）共进早餐。2004年10月，杨福家到南开大学讲学，93岁高龄的陈省身先生邀请杨福家夫妇连续两天到其寓所共进早餐。两次早餐都很简单，炒蛋、烧饼、油条、白粥加豆浆。住所是座老房子，不论饭厅、客厅或是书房，都很整洁，但一点也不豪华。从饮食到住房，都反映了大师的简朴生活。陈省身先生赞成杨福家的观点，要建一流大学，单靠大楼和大师还不够，还要有大爱，即要有一个育人环境。他介绍他常在工作室举行数学讨论班活动，"科学扎根于讨论"，这正是培育数学家所需要的一种氛围。一个多月后（2004年12月3日），陈省身大师去世，但他对科学的追求，对青年人的关爱，将永留人间。

❶ 1971年接待杨振宁来访，左起分别为谢希德、卢鹤绂、杨振宁、杨福家。

❷ 1973年奥格·玻尔访华，杨福家参与接待。第一排左起：潘纯，Ole Maaløe，王立芬，Marietta Bohr，奥格·玻尔，吴有训，丹麦驻华大使Janus A. W. Paludan，钱三强，Aase Maaløe，Iran Bjømholm，Sven Bjømholm，何泽慧；第二排左起：卓益忠，杨福家，赵忠尧，力一等。

❸ 1973年4月26日，杨福家（后排右一）、卓益忠（前排左二）陪同来访的奥格·玻尔（后排左二）、比扬霍姆（前排右二）等游览北京香山。

1977年，美国洛斯·阿拉莫斯国家实验室雷福德·尼克斯（J. Rayford Nix, 1938—2008）博士访问中国，在复旦工作了两周。他是洛斯·阿拉莫斯国家实验室首位访华的科学家。他和杨福家早在1964—1965年间就在哥本哈根结识并成为好朋友。尼克斯是个典型的美国人，除了核物理研究外，他酷爱一切冒险活动，喜欢滑雪、帆船和登山等各种运动，马特合恩峰、乞力马扎罗山、雷尼尔山①和珠峰大本营都曾留下他的足迹。他70岁时到东南亚探险，在越南湄公河的一艘小型游轮上庆祝他的70岁生日，但他在旅途中不幸受伤，引起并发症，回到洛斯·阿拉莫斯后不久就去世了。消息传来，杨福家夫妇为失去这位多年的老朋友悲痛不已。

❶（右起）杨福家、卓益忠和雷福德·尼克斯。

❷ 1973年6月，韦斯科夫（右一）来访。

❸ 1973年6月，杨福家接待来访的西博格（G. T. Seaborg, 1912—1999，左三）。西博格是美国著名化学家、1951年诺贝尔化学奖得主、世界著名高等学府加州大学伯克利分校校长（任职期间为1958—1961年）。他发现10个超铀元素，其中最著名的钚（94号元素）被用于核爆炸和核反应堆的燃料。西博格的工作为美国制造原子弹立下汗马功劳。他家境贫寒，完全靠打工完成学业。

❹（左起）卢鹤绂、西博格和杨福家，摄于1973年6月。

---

① 雷尼尔山是位于华盛顿州的一座活火山，高4 392米，常年被冰雪覆盖，是著名的旅游胜地。在西雅图到处都能看到其锥状山峰，故有人称其为"西雅图的富士山"。

1978年10月,道许又应邀来到复旦大学工作了3个月(1978年10月15日至1979年1月15日)。在中美建交的1979年,加州大学伯克利分校的拉斯姆森教授(John O. Rasmussen)也到复旦大学工作了3个月。拉斯姆森是劳伦斯辐射实验室科学家,是加州大学伯克利分校的核化学教授,是1967年美国获得欧内斯特·奥兰多·劳伦斯纪念奖的5位核科学家之一。1980年,时任罗特格斯大学核物理研究实验室主任的乔治·泰默教授,在复旦大学工作3个月。①

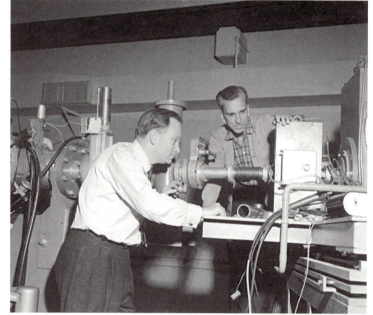

❶ 获得欧内斯特·奥兰多·劳伦斯纪念奖的拉斯姆森教授。

❷ 杨福家和道许两家人聚会。左起分别为道许、道许的大女儿(Gitte Deutch)、彭秀玲、杨奇志、杨福家、道许的小女儿(Susanna Deutch)、道许夫人(生物学家Bente Deutch)。1929年道许出生于纽约的犹太人家庭,在康奈尔大学读书期间接触过马克思主义书籍,思想进步;后来因受到麦卡锡主义的迫害,在获得核物理博士学位后远赴丹麦奥胡斯大学任教。道许是一位杰出的核物理学家,在核物理研究领域做了很多开创性的工作,并有力推动了西方与苏联、中国、日本等国家的学术交往。道许有一个奇特的业余爱好,就是痴迷于培育和种植兰花,在这个方面他获得了许多兰花爱好者和职业栽培者的高度尊敬。在中国文化中,兰花是"花中真君子",象征高洁、真诚和美好。"千古江南芳草怨,王孙一去不归来。"中国科学界永远怀念美国科学家、友好人士道许先生。

❸ 乔治·泰默教授(左)和海登堡教授(右)正在检查12兆电子伏加速器的离子源。

❹ 乔治·泰默教授摄于1987年。

---

① 泰默教授从1960年起任佛罗里达州立大学核物理实验室主任,从1963年起任罗特格斯大学核物理实验室主任,主要从事串列范德格喇夫加速器实验研究。他一直主张跨学科研究,促成了罗特格斯大学和AT&T贝尔实验室的合作。他还主张实验团队应包含理论研究者。他是最早正式访问苏联和中国的美国科学家之一,1972年他就来中国作学术交流。参见Georges Maxime Temmer, *Physics Today*, 1997, 50(7): 78-29。

与这些来访的国外优秀科学家合作研究，推动了杨福家事业的进步，也得到了更多的支持。根据国家科技事业的需要，杨福家先后参与了人造地球卫星（1970年，主要是调查研究相关国外资料）、核激光（1970—1972年，主要是从事核泵浦气体激光器[1]的模拟实验）等项目。在核物理领域，他撰写的《形状同质异能素与超重元素》（《物理》1972年第3期）、《远离稳定线的原子核的研究》（《物理》1975年第1期）是那个年代罕有的参考国际前沿研究[2]、居于国际前沿水平的核物理研究论文。当时中国科学院唐孝威院士发表了《基本粒子演化假说和河外星系红移解释》一文，引起科学界的争议，杨福家也撰写了《对"基本粒子演化假说"的一些探讨》参与讨论，发表了自己的看法（载于《复旦学报》1974年第3-4期，杨福家与朱昂如合作，笔名为"谭涛"）。

"文化大革命"结束后，复旦大学党委书记杨西光调任《光明日报》主编。他想起杨福家曾经写过几篇谈国外的文章，便让杨福家把这几篇文章给他。杨福家毫不犹豫地把之前挨过批判的文章拿了出来，《光明日报》马上就刊登出来。杨福家由衷地感到，一个新的时代已经来临。这时，他领导下的静电加速器实验室已经成为当时国内少有的具有国际水平的实验室，但他并没有丝毫满足。他带领实验室的同事，向新的科学高峰和新的科学前沿发起更强有力的冲击，希望为中国的科技进步做出更大的贡献。

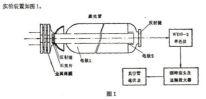
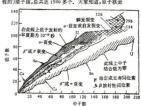

❶ 《形状同质异能素与超重元素》（《物理》1972年第3期）。
❷ 《核泵浦气体激光器的模拟试验》（《复旦学报》1973年第1期，与杨远龙等合写，笔名为"武益"）。
❸ 《远离稳定线的原子核的研究》（《物理》1975年第1期）。

---

[1] 利用原子核裂变产生的重粒子或裂变碎块能量使核外电子受激产生激光，通常称为核泵浦激光器。杨福家进行的核泵浦气体激光器模拟实验是将静电加速器产生的1~2兆电子伏特质子束引入激光管，模拟核反应时产生的粒子轰击管内所充的He-Xe气体。
[2] 引用的文献中有多篇是当年召开的国际学术会议论文，有的是即将刊于一流学术期刊的论文。

四、赴美考察开启时代

1978年6月到7月,杨福家受邀赴美参加有关核物理的学术会议,并考察美国的核物理研究进展。这是杨福家第一次到陌生的美国进行学术交流。这次交流颇有历史意义,因为这也是"文化大革命"后中国科学家第一次到美国考察访问。世事轮回,经过30年的闭关锁国,杨福家又幸运地成为"睁眼看世界"的先锋者之一!

1978年核化学戈登会议于6月19日到23日在美国柯比·索耶学院召开。[①]杨福家应会议副主席普拉希尔(Franz Plasil)的邀请,组织中国核物理代表团参会。时任复旦大学副校长谢希德知道后,特地把杨福家的英文演讲稿拿去,并一字一句地推敲修改,因为"这是中国第一个访美核物理代表团,不能马虎"。当时谢希德的行政工作非常忙,而且她的专业是固体物理、半导体研究,与研究核物理的杨福家并没有师生关系。她对工作的认真严肃,对后学的无私帮助,一直让杨福家非常感动。

❶❷❸ 美国柯尔比·索耶学院校园是一所小型的文理学院(即博雅学院),建立于1837年,位于美国新罕布什尔州的新伦敦市。

---

① 戈登会议于1931年在约翰斯·霍普金斯大学首次召开,此后十余年一直在马里兰州举办。从1947年起主办地从马里兰州的吉布森岛迁到新罕布什尔州的新伦敦市。1990年后会议开始在美国以外的地方举办。

会议代表团从北京出发，经巴黎转机，于6月16日到达华盛顿。6月22日杨福家向大会做了45分钟的报告，题目是"中华人民共和国的核物理研究"（Nuclear Physics in the People's Republic of China）。报告受到与会学者的热烈欢迎。

会议结束后，杨福家一行在美方的安排下，参观考察了15个研究机构和高等学校的有关实验室，了解了美国核物理及相关学科的最新发展情况。[①] 由于核物理研究依赖于加速器以及种类繁多的探测器等实验装置，他们重点考察了加速器的应用研究及其建设情况。

杨福家一行首先来到美国东部地区。在纽约市郊风景区长岛的纽约州立大学石溪分校，他们体验到高能物理与核物理两者密切配合的重要性。纽约的布鲁克海文国立实验室有两台串级静电加速器，一台端电压为14.2兆伏，另一台为8兆伏，两台可以串联使用。实验室还准备建造一台超导回旋加速器（能量常数为800），再与现有两台串级联用，使氧离子的能量达到每核子100兆电子伏，铀离子每核子16兆电子伏。在麻省理工学院，杨福家等人参观了一台400兆电子伏的电子直线加速器（Bates加速器），这台加速器主要用于核物理基础研究，测量散射电子的能量分辨率已达到万分之一，对^{208}Pb截面的测量横跨11个量级，使电荷分布的测量误差（即使在核的中心区）小于1%。在新泽西州立大学串列加速器实验室，杨福家等人了解到该实验室得到贝尔公司的有力支持，发展起来的核技术对贝尔公司的固体电子学的发展产生了意义深远的影响。在密执安大学，杨福家看到该校回旋加速器的50兆电子伏质子束半宽度小到3千电子伏。他们还听取了关于核子天文学这门正在发展中的新学科的介绍。

接着杨福家一行到访美国中部地区。他们参观了威斯康星州的美国国家静电公司、伊利诺伊州的阿贡国立实验室和橡树岭国立实验室。杨福家在美国国家静电公司参观时，看到他们正在安装当时世界上能量最高的串级静电加速器。他在阿贡国立实验室了解到盖梅尔（D. S. Gemmell）等人用静电加速器加速分子束，当快速分子束通过薄的碳箔时发生离介，由此可研究分子与物质相互作用的新现象，在不少情况下可以得到以前不知道的有关分子结构的新知识。橡树岭国立实验室则打算把正在安装的端电压为25兆伏的串级静电加速器与现有的等时性回旋加速器（能量常数为100）联用，以后进一步把这台静电加速器与计划新建的超导回旋加速器联用。在新墨西哥州的洛斯·阿拉莫斯介子工厂（简称LAMPF）已能产生800兆电子伏的质子束，束流强度近400微安，利用新建成的高分辨谱仪，在最大立体角的情况下，散射质子（800兆电子伏）的能量分辨率达到85千电子伏。在这里，中国代表团还参观了用介子治疗癌症的实验室。在美国中部的范德比尔特大学，以哈密尔顿（J. Hamilton）为首的小组在核谱学方面做了很多有趣的工作。他们与附近的橡树岭国立实验室配合，研究了一系列远离稳定线的核素。中国代表团还参观了该校的核子医学实验室，在那里看到了用计算机控制的各种诊断肿瘤的设备。

● 1978年7月中国第一个核物理代表团访问位于美国威斯康星州的美国国家静电公司。右三为陈春先（1934—2004）。陈春先1958年毕业于莫斯科大学物理系，1974年7月在中科院物理所建成中国第一个托卡马克装置（简称"CT-6号"），填补了我国空白。1978年7月，陈春先随中国首个科学家访美团来到美国考察核聚变项目。在考察过程中，他对美国硅谷和波士顿128公路区的新技术扩散区产生浓厚兴趣。后来他多次访美，并受美国"硅谷"现象的启发，在1980年10月提出要在中关村建立"中国的硅谷"，并身体力行成立了"先进技术服务部"，在中科院一度引发争论。中央政治局领导对此做了明确批复，肯定"陈春先的大方向是完全正确的"。此举大大推进了中关村高新技术企业的发展，并促使后来北京新技术产业开发试验区和中关村园区的成立。因此，陈春先被誉为"中关村第一人"。

[①] 杨福家《原子核物理学进展——访美观感》，《自然杂志》1978年第7期。

$\frac{1}{2}$

❶ 1978年7月，杨福家访问美国罗特格斯大学，右为乔治·泰默教授。

❷ 杨福家在1991年8月30日访问美国洛斯·阿拉莫斯国家实验室。左起分别为克里科里安（Nerses Krikorian）、恩洛（William C. Enloe）、杨福家、斯蒂尔曼（Danny Stillman）和阿格纽（Harold Agnew）。1978年7月，杨福家第一次参观武器研究院时，阿格纽告诉杨福家，他从60年代开始担任院长后，最得意的事情就是请到两位科学家来实验室工作，一位是搞天文的，一位搞低温的。邀请两位科学家时阿格纽说："你们到我这里来工作吧，要什么设备、资金，我都提供；要做什么，随便你们。"那两位科学家很惊讶："你是搞武器的，我们并不研究武器，为什么要请我们呢？"他说："没关系。不过我有一个要求，我们召开讨论有关武器技术问题的例会时，你们需要参加，两星期一次。"这两位科学家觉得很简单，于是就进入研究所工作。后来没想到，这两位科学家提出的新的概念和建议，成为这个实验室新颖武器发展的关键。阿格纽还补充，他当时不仅邀请了这两位科学家来工作，还请了大概有五六位哈佛、麻省理工学院的教授来兼职，实验室为这些科学家提供了优越的条件，供他们自主研究，提出的要求是请他们定期来参加武器研讨例会。事实上，这些科学家在之后的武器研究中同样做出巨大的贡献。

杨福家一行最后来到美国西部太平洋地区。加里福尼亚大学劳仑斯贝克莱实验室当时正在发展相对论重离子加速器，争取在几年内把各种核素（包括铀）加速到每核子具有京电子伏的能量水平。在这里他们看到了用重离子治疗癌症的特制病床，听取了关于考古时钟最新发展的介绍。在斯坦福大学直线加速器中心，他们看到了强大的电子同步辐射为研究生物动态过程、化学动力学带来崭新的前景。例如，利用X射线吸收的精细结构，可以研究生物体内钙、钾离子的动态效应；利用X衍射研究心脏肌肉结构与疾病的关系、催化反应的机制等。他们对同步辐射的重要价值有了新的认识，这也促使杨福家在十几年后抓住机遇、为上海争取到上海光源项目的落户。

中国核物理代表团于7月15日从旧金山搭机回国。这次美国之行，横跨东西海岸，把美国当时用于核研究的静电加速器（20余台）、回旋加速器（10余台）、重离子直线加速器（1台）、电子加速器（3台）和中能加速器（4台）几乎"一网打尽"，了解到这些加速器在重离子物理、中能核物理和经典核物理3个不同方面向纵深发展的应用情况，了解到加速器技术的发展趋势。特别是美国科学界和企业界之间的合作研究，让他们耳目一新，促使他们开始对中国的科学管理体制改革进行初步思考。

从美国回来后，杨福家又随谢希德率领的代表团，参加了在联邦德国慕尼黑附近的伽兴所召开的国际核靶发展学会第七届国际会议，马不停蹄地访问了联邦德国的一些实验室。此后，杨福家夫妇多次应邀访美，为推动中国在核物理研究方面的进步，促进中美科技、文化和教育交流做出重要贡献。

● 1978年9月，杨福家随团访问联邦德国。

1	2
3	4

❶ 1981年9月,杨福家受杨振宁发起的中国学者访问计划(CEEC 项目)资助,到美国纽约州立大学石溪分校访学;图为杨福家和彭秀玲在美国。

❷ 左起分别为应行久、彭秀玲、杜致礼和杨振宁。CEEC 项目包括利氏奖金、应行久夫人奖金等 12 种奖金。杨福家当时是应行久夫人奖金学者。应行久(1914—2001)是美国华商总会创会会长,祖籍宁波镇海,是著名的爱国侨领。

❸ 1981年10月31日,杨福家在李政道家,左一为李政道的得意弟子诺曼·克里斯蒂(Norman Christ)。

❹ 杨福家、吴健雄和彭秀玲在哥伦比亚大学。

第五章

业务行政双肩挑

"去问开化的大地,去问解冻的河流。""文化大革命"结束后,杨福家的事业开始全面腾飞。他在教书育人的同时,取得一个又一个国际一流水平的科研成果。他在复旦大学先后担任系主任,研究生院副院长、院长和副校长等重要行政职务,在工作实践中锻炼自己的才干。他真正主持行政管理工作始于1987年。这一年,他在中国科学院院长周光召先生的邀请下,开始兼任中科院第二大所、有1 200人的上海原子核研究所(现名"应用物理研究所",以下简称"核所")的所长,带领核所锐意改革,走出困境,取得瞩目的成就,为核所的长远发展奠定了坚实基础。

一、事业全面腾飞

1977年,杨福家领导下的加速器实验室完成了越王勾践剑的无损鉴定工作,震动了中国科技界。在1978年到1982年期间,杨福家担任复旦大学物理二系领导。他在24岁时被任命为原子能系的副系主任,有着丰富的科学管理经验。在他的领导下,物理二系事业蒸蒸日上。

物理二系包括核物理和放射化学两个专业,共有教师60余人,其中20人在静电加速器实验室工作。这台加速器除了有一根管道做质子X荧光分析,还有3根管道进行束箔光谱学、背散射及沟道效应等其他实验研究。为了扩大加速器的新能区,杨福家领导了对这台加速器的改建,将其升级到4兆伏、10根管道,进一步拓宽了与物理、化学、生物、医学等相关学科的探索范围。

杨福家说:"作为一个部门的领导人,我的责任是怎样使系里的教师每个人都把自己的才能充分发挥出来。"他谦逊地说:"实验科学是一个集体事业。个人的作用,最多只是在某些场合领唱一下而已。"① 杨福家领导的加速器实验室人才辈出。1980年,杨福家帮助联络,派遣5名教师到国外进修,其中两人在丹麦,研究工作很有创造性,被邀请到柏林做学术报告;一人在联邦德国,进修半年就受到重视,也被邀请在国际会议上做报告;还有两人在瑞典,因学习成绩突出,深受导师赞赏。

❶ 1978年,杨福家被任命为物理二系系主任。

❷ 1980年,在物理二系加速器实验室接待前来参观的领导。

杨福家曾谈过他在实验室管理和科研管理方面的经验。他说:"很多在实验室辛勤劳动的人,如果给他压了很多行政工作,并不是很好。不同的人应该不同对待,不同的人站不同的岗,就像钢琴上不同的键发不同的音。我们有一批非常宝贵的人才,怎样使这批人真正成为一流的人才,成为大师级的人才,这是复旦将来的希望所在。"(杨福家《迎接新的腾飞——在庆祝第十二届教师节大会上的讲话》,1996年9月10日)"对有成就的教授和正在成长的教授要倍加爱护。应该好好研究,怎么样帮助他们成长?应该发扬五六十年代复旦党委当时所做的非常有效的工作,在政治上爱护他、关心他,在生活中考虑他的困难,在工作上支持他。"(杨福家《迎接新的腾飞——在庆祝第十二届教师节大会上的讲话》,1996年9月10日)

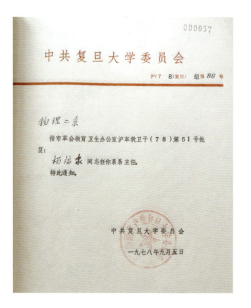

---
① 《江山代有才人出——本市新当选的中科院学部委员向读者赠言》,《上海科技报》1992年1月11日。

从1977年到1980年，短短3年间这个实验室交出40篇论文，其中有10篇是在国外的核物理期刊上发表。杨福家应邀到美国、法国、丹麦做了17次学术报告，深受好评。在加拿大召开的国际离子注入会议邀请他做组织委员，荷兰出版的一家核物理期刊特聘杨福家做顾问编辑。[①] 他们关于束箔光谱学的研究成果，在美国核物理的国际会议上做报告。

❶❷ 1982年7月杨福家带领参加第二届激光物理工作会议的国外学者游览黄山。

① 《杨福家·核物理·勾践剑》，香港《新晚报》1980年8月31日和9月1日。

1	2
3	4
5	

❶ 1981年2月23日，杨福家首次访问日本，在东京和著名核物理学家有马朗人合影。

❷ 1984年5月14日，杨福家在美国做学术报告。

❸ 1990年5月，杨福家在中国原子分子数据研究联合体会议上做报告。

❹ 杨福家在复旦大学实验室工作，摄于1994年。

❺ 1995年，杨福家在第一届面向21世纪原子、分子和固体物理学术研讨会上做报告。

进入80年代后,杨福家进一步活跃在世界核物理研究的学术前沿,发表了很多高质量的学术论文,美、英、法、德等十几个国家的学者经常来信索取论文。在杨福家的努力下,复旦大学从美国国家静电公司引进一台最新的9SDH-2型串列静电加速器,加速器实验室的硬件条件得到进一步改善,成为国内一流、国际先进的实验室。实验室在国内开创了质子X荧光分析、背散射和沟道效应、束箔光谱学等领域,并在这些领域长期保持领跑地位;很多实验成果在国际上受到重视,其中有些多年来一直为国际同行所采用。

1	2
3	4	5

❶❷ 9SDH-2型串列静电加速器运到复旦大学,准备安装。

❸ 杨福家和中美工程技术人员在加速器前合影。

❹❺ 杨福家当选中国科学院院士时的学术成就介绍,引自中国科学院学部联合办公室主编《1991中国科学院学部委员》,浙江科学技术出版社1993年版。该书详细介绍了1991年当选的210名中国科学院学部委员,包括简历、专业和科技成就,并附每位学部委员的近照和主要论著目录。

第五章 业务行政双肩挑

杨福家署名发表的英文论文。

杨福家与很多著名的核物理学家开展合作研究，结下深厚的友谊。他和美国范德比尔特大学的杰出教授哈密尔顿（Joseph H. Hamilton）密切合作，撰写了英文版 Modern Atomic and Nuclear Physics（《现代原子和核物理》）一书，于1996年在美国著名的麦格劳·希尔公司出版。他的好友前总统科学顾问乔治·基沃斯和洛斯·阿拉莫斯国家实验室主任西格·赫克也多次来华访问。

1	2
3	4

❶ 杨福家和麻省理工学院的李·格罗津斯（Lee Grodzins，1926—）教授。他们自1964年起成为朋友。格罗津斯领导质子微探针小组，将质子束引到大气进行非真空分析，以及满足含有水分的生物样品分析。1987年格罗津斯创立尼顿公司，旨在开发和销售测量环境中有毒元素的仪器。他有4个产品获得过美国"R&D100"奖，这一奖项每年颁给全美100个最具创新性的技术产品。1989年，格罗津斯指导过的学生西德尼·奥尔特曼（Sidney Altman）获得诺贝尔化学奖。

❷ 杨福家和好友美国范德比尔特大学杰出教授哈密尔顿（1932—）。哈密尔顿是美国著名物理学家、范德比尔特大学教授、清华大学和复旦大学名誉教授。自20世纪70年代以来，他一直同我国核物理学界保持长期合作，对促进我国核科学基础研究做出积极贡献。

❸ 杨福家夫妇陪同好友基沃斯（George A. Keyworth II，1939—2017）游览布达拉宫。基沃斯作为里根总统的科学顾问（任期为1981—1985年），积极宣传科学对经济增长的重要性，使政府大幅增加研发预算基础研究的比重。他促成了美国"星球大战"计划的出台，这个计划加快了苏联的解体。

❹ 杨福家和好友洛斯·阿拉莫斯国家实验室主任西格·赫克（Director Sig Hecker，1943—）。

1984年11月，杨福家被任命为刚刚成立的复旦大学研究生院副院长。1987年11月，研究生院正式成立，杨福家开始担任院长职务。杨福家利用自己开阔的国际视野，借鉴国际上培养博士生的经验，有力推动复旦大学研究生教育的健康发展。他给国家教委研究生司写信，谈到"博士生的质量标志绝不只是一篇论文"。他以物理学科为例，提出复旦大学与国际第一流高等学府相比，最大的差距是开不出大量可供选择的博士生课程（包括很强的实验课程）。学校为研究生开设的课程有限，学生通过几门课、拿个"优"十分轻松，几乎没有研究生教学实验，课外锻炼很少，在撰写论文特别是在加强博士生独立能力的训练方面差距也很大。杨福家指出，国外一流大学的博士生必须有广博的基础，通过课程考试获得"博士候选人"资格后才能进入论文阶段，在进入论文阶段之前博士生的淘汰率是很高的。他们的课程、论文形成一个整体，依靠制度保证质量。因此，博士生质量高低绝不能只看一篇论文，我国的研究生培养制度亟待完善。杨福家的这封信经国家教委研究生司在《学位与研究生工作简报》上转发后[1]，影响颇广。

著名广告人李光斗讲述了杨福家担任研究生院院长的一个小故事。[2]李光斗是复旦大学新闻学院的高材生，1988年曾代表复旦大学参加在新加坡举办的亚洲大专辩论赛，后免试直升攻读研究生。1989年12月他因故肄业离校。[3]在办理离校手续时，为了最后一个月70元的助学金李光斗和工作人员发生争执。

"你就是李光斗吧！你去年在新加坡的亚洲大专辩论会上，也是这样同人大声争吵吗？"

我认出向我招手的是复旦大学研究生院的院长杨福家教授，一位著名的物理学家。几年以后，他出任复旦大学校长。

看到杨院长，我有些局促。

杨院长从衣袋里掏出一张簇新的50元人民币，递到我的手上。"这50元钱，你拿去用。"

"谢谢杨院长，我不能拿你的钱"，我有些感动，"您挣钱也不容易"。后边的话我给咽了回去。

熟悉自己、肯掏钱帮助自己的研究生院院长，成为李光斗对母校的最后记忆。而这不过是杨福家日常繁忙工作中一个再普通不过的短镜头。

1991年杨福家开始担任复旦大学副校长，开始展现他作为优秀管理者所练就的出色的组织技巧和沟通能力，以及作为改革实干家所具备的超凡的前瞻视野和决策魄力。他提出高等教育不仅要培养人才，而且应主动拓展为社会服务的各种途径。他说，占高等教育很大一块的人文科学、社会科学、经济管理等，不应仅是单纯研究莎士比亚、孔老夫子的场所，要使人们的知识更广博，更应解决现代社会面临的现实问题。"这些问题是举不胜举的。例如，当代社会的特点是什么？当今世界是更加和平，还是危机四伏？计划经济与市场经济究竟是什么关系？什么样的关系适合于我国的发展？社会科学工作者要成为国家政策的谋士，他们应该从理论上用大量的事实来回答我们面临的问题，以在国民经济建设中发挥更为巨大的作用。"[4]在杨福家的推动下，复旦发展研究院开始酝酿并创立，成为国内第一家高校智库。

1	2
3	4
5	6

❶ 李政道（右二）、谢希德（左二）、西摩（Seymour，左一）、钱冬生（右一）、杨福家在李政道物理奖学金颁奖仪式上交谈。
❷ 1990年，参加美国研究中心开工典礼的华中一校长与杨福家亲切交谈。
❸ 复旦大学研究生院院长杨福家和青年师生在一起。
❹ 1991年11月5日，诺贝尔奖获得者丁肇中（左一）教授访问复旦大学，在杨福家陪同下，与复旦学生座谈。
❺ 1992年11月11日，李政道与杨福家亲切交谈。
❻ 1993年2月12日，复旦发展研究院召开成立大会。主席台左起：复旦大学校长华中一，复旦大学党委书记钱冬生，上海市政协主席、复旦大学前校长谢希德，复旦大学名誉校长苏步青，上海市常务副市长徐匡迪，上海市委市政府副秘书长蔡来兴，复旦大学副校长杨福家。

---

[1] 杨福家《博士生的质量标志绝不只是一篇论文》，《学位与研究生工作简报》1986年9月20日；《中国教育报》1986年11月25日转载。
[2] 李光斗《仅次于总统的职业》，广州出版社1998年第2版，第4页。
[3] 《复旦大学百年纪事》编纂委员会《复旦大学百年纪事（1905—2005）》，复旦大学出版社2005年版，第422页（1989年5月19日条）。
[4] 杨福家《增强为社会服务的责任感，迎接21世纪的挑战》，《研究与发展管理》1991年第3期。

第五章 业务行政双肩挑

❶ 今日复旦发展研究院，摄于2019年3月。

❷ 复旦发展研究院的使命（即功能定位）是"建设高端智库，服务国家发展"。杨福家曾说："复旦大学存在的意义除了培养人才之外，还要不断地出思想，成为政府的思想库。如果我们面对国家存在的各种问题而不能回答，复旦是失职的。我们应该能回答，而且还要能预见可能出现的问题。"他还豪迈地宣布："复旦大学应在中国社会主义历史发展的长河中留下她的烙印。""让复旦在北京、在中央的决策中间发出声音。"如今，复旦发展研究院经过多年的发展，已经逐渐壮大，为从事社会科学的教师、特别是中青年学者提供了一个施展才华的广阔的天地。发展研究院从咨政出发，充分发挥复旦大学文理医的学科综合优势，整合校内战略和政策研究的队伍与资源，对外立足于一流智库的建设，为国家和上海的建设和发展贡献复旦的思想与智慧，成为国家的思想库和智囊团；对内立足于学科的交叉与整合、研究团队的建设与发展，以国家需求推动学科整合，以学科整合贡献国家发展，提升复旦大学在国家建设与进步中的地位与影响。

❸ 1993年2月12日，杨福家院士陪同苏步青校长参加复旦发展研究院成立大会。

❹ 2012年11月9日，复旦发展论坛举行，杨福家院士参会并致开幕词。左起分别为著名作家、复旦大学中文系教授王安忆，杨福家，复旦大学校长杨玉良。

二、满园桃李芬芳

杨福家非常重视教学工作。杨福家说自己是靠论文升教授、当院士的，但因为教学需要，在编写讲义基础上出版了教材，获得了很多教学奖励，他由衷体会到"教学相长"的喜悦。

在本科生教学中，杨福家非常注意引导和启发。有位物理系的学生在他著作的后记中写下杨福家在课堂上对他的引导。"笔者时常能回忆起恩师杨福家院士当年给我们上原子物理课中的故事和他讲过的话。时任物理二系主任的杨老师在课堂上要求学生写学习报告，我听了他所讲的关于卢瑟福的故事，便写了一篇关于能量来源的推想文章，放在老师的讲台上。由于是一位普通的大一学生写的文章交给大科学家，加上自己又是班里唯一来自乡镇的学生，我认为只要老师会在课堂上讲这个问题就可以了，就没敢署名。没想到杨老师不仅专门讲了一节能量的本质及应用问题，并且说他将给写文章的学生最优的成绩；更没想到他竟然到我系（当时的物理系）打听到我，并真的给了我最优的成绩。我平生第一次给作为老师的大科学家写信，杨老师不仅回信还附寄了他在贝尔实验室的文章，后来还专门约见了我。他的话至今萦绕在我的耳际：我们不能让学生的脑袋只来填知识，而要把它当成被点燃的火种。他还说，教师是点燃火种的人。"[1]

在研究生的指导过程中，杨福家非常注意教师的言传身教。他十分赞同李政道的话："培养创新的科学人才，必须要有好的导师和密切的师生共同研究的过程。这是省不了的，不能用网络、程序代替的。人是人，还是需要学徒、老师这个关系，需要一年、两年较长期精神上的培养，这样培养的人才可以一生独立思考。"[2]

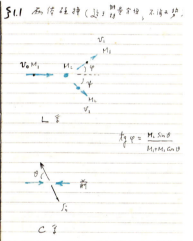

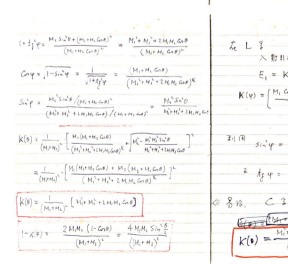

❶ 1987年12月19日，沪上报纸报道杨福家在教学上的事迹：他开设的"原子物理"课程，被誉为"复旦第一流课程"，由他撰著的《原子物理学》一书获得国家一等奖。

❷ 杨福家在教学中对《原子物理学》不断加以修订和补充，精益求精。图为杨福家对该书所作的补充笔记。

---

① 石践《发明创造离我们有多远》，知识产权出版社2001年版，第268页。
② 李政道《物理的挑战》，中国经济出版社2002年版，第14–15页。

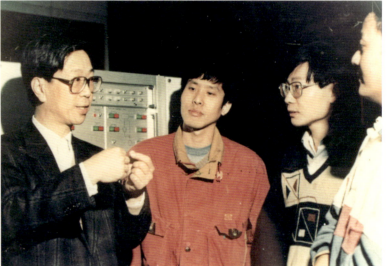

❶❷ 1993年，博士生导师杨福家上基础课。

❸❹ 杨福家在指导研究生。

❺ 1993年，杨福家与复旦大学学生们在一起。

除了课堂教学外，杨福家还十分重视用讲座的形式给全校大学生讲课，普及科学知识，宣传创新思想。王迅院士曾说过一段话："一个复旦学生，特别是物理系学生，如果在校期间没有听过杨福家先生的报告，不能不说是一种损失和遗憾。"杨先生的讲座信息量大，前沿性强，能够发人所不能发，特别受广大师生的欢迎。对于一般应酬性的活动，杨福家经常谢绝参加；但他对学生组织活动的邀请却总是优先安排，甚至一口答应。因为作为一个教育工作者，他对给大学生讲课有着本能的接受和亲近感，只要有时间，他从不拒绝学生的邀请！

世界顶尖大学并不只在于顶尖的教师、顶尖的学术成果，关键在于能够培养出顶尖的学生。杨福家经常自豪地列举他参与创建并长期领导的复旦大学原子能系历年培养的杰出人才，如朱祖良院士（中国工程物理研究院前院长，1967届）、沈永平少将（国防科技大学前副校长，1970届）、江绵恒（中国科学院上海分院前院长、上海科技大学校长，1977届）、昌旭东少将（二炮某基地总工程师，1977届）、赵志祥（中国原子能科学研究院前院长，1977届）、徐洪杰（中科院上海应用物理所前所长、上海光源工程经理部总经理，1981届）、周志敏（耶鲁大学医学院眼科与视觉科学系副主任兼研究主任，1982届）等一大批杰出领军人才。其他还有陆晓峰（中国科学院上海应用物理研究所党委书记兼副所长）、徐鹏飞（秦山核电有限公司副总经理）、孔德萍（秦山核电有限公司副总工程师）、辛翔富（上海核工程设计研究院前党委书记）、尹明（地质部地质研究所所长）等。如果没有这么多杰出校友，复旦大学核科学系乃至复旦大学的一流又从何谈起！

● 复旦大学原子核科学系1990届本科生毕业合影（前排左十为杨福家）。

❶ 2005年9月23日,3位复旦校友合影。左为中国工程物理研究院第四任院长胡思得,右为第五任院长朱祖良。

❷ (左起)邹亚明、杨福家和昌绪东。

❸ 耶鲁大学医学院周志敏教授。

1	
2	3

杨福家很重视复旦校友会的建设，经常参加校友活动。亲眼看到自己教过的学生成长为优秀人才，是让他最开心的事情。有一年，杨福家在美国纽约逸林都会酒店参加复旦校友会活动。他身着蓝灰色的休闲夹克，内衬红底黑条纹的衬衫，戴一副深色边框的正方眼镜，神采奕奕。一位在美国大学任教的中国女教授走过来，跟他半开玩笑地说："我至今记得老校长当年对我的评价，你说我不笨，所以我有了今天的成就。"对于一位热爱教育事业的教师来说，还有什么比这样的话语更让人欣慰呢？杨福家桃李满天下，他也经常邀请那些学有所长的复旦校友回到祖国传播知识、分享经验，共同讨论中国教育现在所面临的挑战。

● 杨福家和彭秀玲在纽约参加海外复旦校友会活动，摄于2006年5月6日。

三、受召核所赴任

1986年底，中国科学院原子核研究所行政领导班子开始酝酿换届，周光召院长建议杨福家到上海原子核研究所担任所长。那年李政道教授60岁，周光召和杨福家两人都应邀到纽约参加会议。两人一起吃饭时，周光召问杨福家："你感觉中国科学院怎么样？"杨福家回答："最近我刚去过合肥等离子体所，印象深刻，500人的所出了很多成果。"周光召问杨福家对上海原子核所有什么了解，杨福家直言不讳地说"不怎么样"，因为当时核所领导之间斗得很厉害是众所周知的。周光召说："这样吧，你去当所长吧。"杨福家连连摆手说千万不行。

1987年核所换届，院部提出3位人选，他们都是著名的核物理专家，但工作单位都在北京；上海市科教党委提出由杨福家兼任；核所党委则提名一位本所研究员作为候选人。周光召院长在京沪两地密切磋商，权衡再三，认定杨福家为最佳人选。他建议上海向有关方面及杨福家本人做工作，力争请杨福家出任所长职务。

❶ 2009年12月25日上午，中国科学院上海应用物理研究所建所50周年庆祝大会暨主题学术报告会在嘉定园区学术活动中心隆重举行。杨福家说："当时的状况跟现在不一样，有人讲你是傻瓜啊，跑过去不就变成局级干部了。我们这些人从来没想过什么局级不局级。"

❷ 杨福家和周光召（中），时任国务院发展研究中心党组书记、副主任张玉台（左）在中国科协2004年学术年会上，摄于海南博鳌，2004年11月19日。

周光召院长找到复旦大学谢希德校长出面劝说杨福家担任所长，核所党委书记巴延年、陈至立，甚至复旦大学老书记王零等人都来帮忙。当时杨福家已经是复旦大学研究生院院长、现代物理所所长，他担心行政事务太多，再加上当时核所的复杂性，因此不愿意赴任。谢希德校长找他谈话，说："大学和科研机构本来就应该相互合作，打破相互之间的围墙，希望你去了，能够创造一个大学和科研机构合作的范例。"这句话打动了杨福家。再加上该所新任党委书记巴延年5次登门邀请，陈至立也亲自到杨福家的家里征询意见，他们的热情和希望让杨福家深深地感动。所以，1987年8月杨福家决定兼任核所所长，并在陈至立的陪同下来到核所上任。

1 / 2

❶ 1993年5月，杨福家、陶瑞宝（左一）陪同李政道夫妇拜访谢希德，摄于谢希德家中。

❷ 杨福家和谢希德，摄于1998年。

第五章 业务行政双肩挑

杨福家担任核所所长期间，从周光召院长身上学到很多，也得到他不少关键性的支持。1990年9月，周光召在风景如画的庐山召开部分所长座谈会。这个座谈会使杨福家想起在哥本哈根时，一再听到物理学大师玻尔与他的学生们的趣事：边旅行，边讨论，碰撞出新的火花，并引出"科学扎根于讨论"这一名言，形成"哥本哈根精神"。很多新的想法在优美的环境里，在轻松的讨论中应运而生。在当今世界一流的科研、教育单位里，人们都会感受到这种氛围。

周光召先生是两弹元勋，为国家的科技事业和国防建设做出卓越的贡献。他担任过中国科学院院长、全国人大常委会副委员长、中国科协主席等要职，但他身上没有丝毫半分的"官本位"思想，从不以国家领导人自居，为人谦逊，待人真诚，在他的领导下工作，杨福家感到轻松愉快、心情舒畅。

1993年，杨福家担任复旦大学校长，周光召院长来函祝贺。信中写道："科学院将始终是你的另一个家。将支持你为发展中国教育和科技，加强两者的合作所做的一切努力。"读着这些温暖的文字，杨福家心中的暖意油然而生。

❶❷ 1990年9月28日，周光召院长（中）与有机化学、原子核、力学、技术物理、生理、物理等所领导一起讨论学科交叉与院所发展，摄于庐山。

❸ 1993年3月5日，周光召写信祝贺杨福家担任复旦大学校长。

❹ 在《科学》杂志创办90周年纪念会上，杨福家和中国科协主席周光召院士合影，摄于2005年11月17日，上海科学会堂。在会上，周光召回顾了中国科学社和《科学》杂志走过的90年历程，颂扬当年的前辈以"开路小工"精神尽自己最大力量在中国传播科学。在当天下午的活动中，周光召来到卢湾区图书馆（中国科学社旧址），为我国第一位数学博士、中国科学社和《科学》杂志创始人之一胡明复铜像移位揭幕，并和会议代表参观了上海市近代历史保护建筑中国科学社旧址。

1	
2	
3	4

四、确定振兴战略

1987年,杨福家到上海原子核研究所担任所长。这时,中国改革开放已经进入第十个年头,在经济建设方面取得举世瞩目的成就。但从计划经济转向市场经济的过程中,仍存在一些深层次矛盾,在前进的道路上仍存在许多不确定的因素、面临新的挑战。1987年7月,邓小平同志指出:"搞社会主义现代化建设是基本路线。要搞现代化建设使中国兴旺发达起来:第一,必须实行改革、开放政策;第二,必须坚持四项基本原则。"1987年10月,党的十三大明确确定"一个中心、两个基本点"为党在社会主义初级阶段的基本路线,即:"领导和团结全国各族人民,以经济建设为中心,坚持四项基本原则,坚持改革开放,自力更生,艰苦创业,为把我国建设成为富强、民主、文明的社会主义现代化国家而奋斗。"

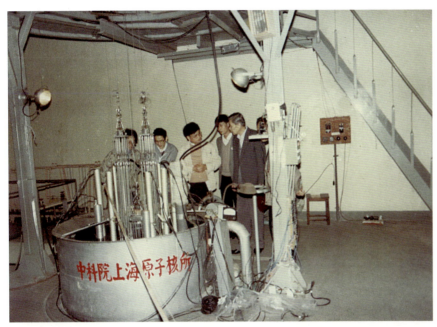

❶❷ 杨福家接待复旦大学领导华中一、林克等参观中科院上海原子核所。

❸ 杨福家接待上级领导参观。

周光召院长坚持"科学技术必须面向经济建设，经济建设必须依靠科学技术"的办院方向，确定"把主要力量投入为国民经济建设服务的主战场，同时保持精干队伍从事基础研究和高技术跟踪"作为科学院的发展战略，经过数年的摸索，进一步明确提出"一院两制"的建院方针。1988年11月5日在京开幕的中国科学院年度工作会议上，周光召院长提出"一院两制"建院模式。①周光召说，"一院两制"的基本含义是改变中国科学院只搞研究的模式，逐步在全院建成一批具有国际水平的研究所，同时在技术开发方面形成一批在国际上有影响的、产品有国际竞争能力的、技术密集型的外向型企业和公司。

$\dfrac{1}{2}$

❶ 1989年11月24日，上海原子核研究所召开建所30周年庆祝会，从24日到26日，所庆举行了3天。24日上午，建所30周年庆祝大会召开，党委书记巴延年主持，所长杨福家、上海市政府副秘书长侯旅适、浙江省诸暨市市长徐再生、上海嘉定县县长李宝林、中科院兰州近代物理所副所长沈文庆、中国原子能科学研究院科技委主任王乃彦等先后发表讲话。杨福家说："当前特别需要在全所职工中强化以共同理想为基础，以'奋发自强、求实创新、文明团结'为内容的精神支柱。只有把这一条做好了，其他各条的实行才会有可靠的保证。否则，措施再好也是要走样或落空的。"

❷ 1990年3月1日，上海原子核研究所召开工作会议。杨福家说："我是从基础研究开始的，因而我很重视这方面的工作。但作为所长，我必须从国家利益出发，以全局的观点及所的发展前途来考虑，就不得不指出原子核所的主攻方向应该是在国民经济建设主战场上。"

① 王友恭、杨良化《办好高水平研究所和开发高技术产业并重，中国科学院实行"一院两制"》，《人民日报》1988年11月6日。

杨福家一直积极呼吁科研要为社会服务。他热情地支持"一院两制"的决策，认为这个决策是正确的，是有生命力的。但是，他清醒地认识到，不能简单机械地照搬科学院的战略设想与基本模式。由于学科不同、研究领域不同、与国民经济联系的程度不同、发展的特点不同，每个研究所都应该从各自的实际出发，逐步确立起相应的战略构思与发展模式。上海原子核研究所成立30年来，为发展我国的核科学与核技术做了不少工作，取得了一定的成绩，但由于种种原因，延误了发展与振兴的时机，目前仍处在一个比较艰难的时期，因此，必须正确地判断形势、分析现状，慎重地确定全所发展的战略设想和基本模式。

基于对核物理学科的发展趋势的判断，结合核所发展的实际情况，杨福家初步确定了核所发展的战略设想：充分发挥多学科综合优势，动员和组织全所核技术应用与开发研究的科技力量，为发展我国的新材料、新药物、新技术、资源开发与应用、环境科学等做出积极贡献，特别要促使其中比较成熟的高技术及时进入生产领域，逐步形成几个外向型、技术密集型的企业，直接为发展国民经济服务。同时保持一支精干的队伍，在核物理、放射化学和辐射化学的基础研究方面形成特色，积极向生物、医学和材料等学科渗透，开拓新的边缘学科生长点。努力承担高技术攻关项目，在实现国家高技术跟踪计划方面做出应有的贡献。

根据这个战略设想，杨福家认识到，科技开发和基础研究不能分开。因为核科学与核技术是一门比较特殊的学科，它需要有特殊的研究设施与手段，需要大量的财力与物力，需要有一支专业门类较全、综合性很强的科技队伍。科技开发工作一旦离开所本部这个基地，一旦离开基础研究（含应用基础研究），技术上就会失去后盾而难以为继，就会丧失竞争优势。因此，开发与研究必须互相依靠、互相支持，这是核所改革与发展中必须重视的基本特点。既要分别管理，又要加强联合。基于这个认识，杨福家提出将"一所两制、联合发展"作为核所发展的基本模式，也与核所发展的战略设想相适应。

杨福家到核所时，全所有18个研究室，再加上一些开发公司，摊子铺得很大，力量非常分散。比如，核所的辐射技术研究和开发经营力量是很强的，但几年来已经分为4块：一是第七研究室（即辐射化学研究室），二是上海辐射中试基地，三是新艺材料公司，四是超细粉开发项目，力量过于分散。杨福家提出一定要凝练方向，不能什么都做。他想到在玻尔研究所留学时，常听到研究所的主要领导人谦逊地说："我们是个小国，我们的研究所是一个小所（当时科技人员只有100人左右，其中一半是外国来客，在此工作一两年时间），因此不能什么都搞。要搞的东西就必须搞出名堂来，要让国际上承认你。"玻尔研究所的研究方向非常明确，所以，该所在早期的原子物理、量子力学，后期的原子核物理，特别是原子核结构的研究，一直在世界上占领先地位。杨福家提出成立几个大的中心和联合体以整合力量，把核所的事业推向新的发展台阶。首先成立"辐射科学与技术中心"，以研制和开发新的辐射材料为内容，把这方面的基础研究、开放实验室建设、科研成果的中试与开发组合起来。另外，还有"核分析与微量元素中心"、"放射化学中心"、"核探测与核电子学中心"、"应用性小型加速器研制中心"，以及与复旦大学核科学系合建的"基础物理联合实验室"等6个中心和联合体。把全所18个研究室的力量有效地组合起来，形成一个互相依靠、互相支持、共同发展的整体。

为了贯彻和实施杨福家提出的发展战略，在党委的支持下，核所加强制度建设，完善各项规章制度，并采取多项有力措施，举行多层次民主协商对话活动，发扬民主，上下畅通，增进彼此之间了解，以克服核所内部存在的耗散现象、确保核所的整体发展。1990年4月20日，核所首届职工代表大会召开，杨福家向大会做工作报告，创造让职工了解全局、参与管理、实行监督的各种渠道。

全所上下大力提倡和发扬"奋发自强、求实创新、文明团结"的核所精神。由于核所是一个综合性很强的研究机构，有基础研究、应用研究和开发研究，每位科技人员都可以在基础研究或应用研究、开发研究中找到自己合适的位置，"各得其所"，但不管在什么位置，都要互相理解、互相团结。各个公司（经济实体）积极支持基础研究，从事基础研究的科技人员关心应用研究、开发研究。当条件成熟时，以适当的形式把开发经营、基础研究的力量组合起来，形成各个专业和学科性质的联合体，充分发挥综合优势。

❶ 核所职工聚餐。徐洪杰（左一）向杨福家汇报上海光源建设成功经验时说："杨先生，您教的原子物理我几乎都忘了，但是您讲的研究所的故事我是忘不了的，这些故事对我今天有着巨大的影响。我说您怎么管理核所？您说我把所里的人分成两类，一类是搞工程，我让他保质保量完成工程，第二类是搞研究，非要出高质量的任务不可，但是不限时，这些人在一个楼里混在一起。这些人出的成果复旦大学没法比，要知道复旦的生物楼和物理楼是分开的。"杨福家在核所大刀阔斧改革时，徐洪杰还在复旦大学核物理和核技术专业攻读博士学位。1989年2月，徐洪杰从复旦大学毕业，来到嘉定的原子核研究所继续师从杨福家做博士后研究，在工作中渐渐成为杨福家的得力助手，后来独立成长为上海核物理领域的领军人物。

❷ 1989年9月17日，杨福家夫妇在河滨大楼的家中招待李政道夫妇。彭秀玲精心准备了丰盛的菜肴，琳琅满目，但杨福家说这一满桌菜肴也比不上市府宴会上的"四菜一汤"。他打比方告诫核所职工，要做就要做能拿"国际金牌"、能代表"国家利益"的项目。这只是个比方，是杨福家代表妻子所说的自谦之词。虽然他们夫妻俩工作繁忙，长期吃食堂，但彭秀玲心灵手巧，李政道夫妇、奥格·玻尔夫妇等中外贵宾对她的"厨艺"都赞不绝口！

❸ 1990年5月17日，杨福家参加中科院辐射研究开放实验室评审会。

❹ 1990年4月20日，上海原子核研究所首届职代表大会举行。"要使那些不学无术、工作马虎、成绩一般的人，即便进了开发部门也不能多得；而那些具有真才实学、工作积极、成绩显著的人，即使从事没有收益的基础研究、管理工作，也要让他们有所多得，逐步消除目前分配中的不合理因素，充分调动各类人员的积极性。"

1	2
3	4

❶ 1993年3月，核所首届职代会第四次会议举行，前排右起分别为晏秀英、张家骅和杨福家等。

❷ 1999年6月22日，核所第三届职代会第三次会议举行，前排左起分别为徐洪杰、杨福家、沈文庆、陆晓峰。

❸ 1995年4月18日，上海原子核研究所前所长张家骅教授回国工作40周年暨80寿辰学术报告会举行，左起分别为晏秀英、张家骅和杨福家等。

张家骅（1915—2010），福建福州人。1940年毕业于清华大学物理系，留校任助教、教员。1949年赴美留学，1953年在美国密苏里州圣路易城华盛顿大学核物理专业获得博士学位。其后，历任美国伍斯特学院访问教授（1953年9月至1954年6月）、俄克拉荷马州A&M学院助理教授（1954年9月至1955年4月）。回国后，在中国科学院原子能研究所任副研究员、第八研究室副主任，中国科学院上海原子核研究所研究员、研究室主任、研究所副所长、所长、名誉所长。专业领域及特长为核物理与核技术。作为主要撰稿人，与人合著《放射性同位素应用知识》、《放射性同位素X射线荧光分析》。

❹ 上海光源悬挂的"核所精神"标语。

五、老所焕发新生

杨福家刚到核所时，核所正面临艰难的生存危机。国家拨款每年递减20%，所领导经常为经费拮据而犯愁；一批正当壮年的科技骨干手头无"实事"可做，不少人"流落"到所外科研单位"打零工"。在杨福家的领导下，"三十而立"的核所解放思想，积极开拓，抓住历史发展机遇，把核所的事业发展推进到一个新的台阶。

核所取得一系列重要的科研成果，极大地提振了核所的士气。这当中首推新核素研究取得重大突破。全世界发现的新核素已达2 000多个，但没有一个是由中国人发现的。在新核素图上仅芬兰一国就插有10面国旗，周光召院长曾对杨福家说："你们应该争取把中华人民共和国的国旗插上去。"1992年，核所完成丰中子新核素铂202的合成鉴别，实现了中国在这一国际前沿研究领域中零的突破。著名科学家卢鹤绂称这项成果"是一个重要的发现"。名誉所长、著名核物理学家张家骅说："新核素铂202的发现，表明我国核科学工作者在这一领域能够做出有竞争性的优异贡献。它的发现，对其他学科进展将要起到的作用不可低估。"这项成果当年就被评为"全国十大科技成果"。1993年6月13日，核所研制成功世界上第一台超灵敏小型回旋加速器质谱计，通过了由国家自然科学基金委员会主持的专家鉴定，标志着中国在这一领域的研究已处于国际领先地位。以后几年，这台超灵敏小型回旋加速器质谱计装置的技术性能进一步提高。^{14}C分析方法的研究取得突破性的进展。实现^{12}C、^{13}C、^{14}C交替加速，^{14}C计数率达到每秒10个，^{14}C的测量精度小于3%，使超灵敏小型回旋加速器质谱计技术的实际应用成为可能。其他如放射性药物的研究、自由电子激光装置和工业用计算机断层成像（CT）试验装置的研制也都不断取得进展。

在科技开发方面，3个产业集团逐步形成。第一个是核电子仪器仪表集团，包括工农医用的同位素仪器仪表、火灾自动报警系统、爆炸物检测装置、核探测器等；第二个是辐照产业集团，包括钴源辐照装置的设计与安装、工业用加速器生产，以及由此形成的辐照材料改性、灭菌保鲜、种子诱变等；第三个是放射性药物集团，包括缺中子放射性药物、放射γ免疫药盒，以及同位素标记化合物的开发和生产。在这些方面，核所的力量是非常雄厚的，问题是力量过于分散。因此，必须采取有力措施，积极推动各个经济实体和研究室的联合，从科技开发初级阶段的束缚中摆脱出来，走内外联合、集约经营的道路，在我国核技术的产业化过程中，逐步形成具有一定实力和影响的高技术产业集团。

结合科技开发和核技术发展的趋势，杨福家提出要抓好3个重点项目。一是放射性药物的研究。核所成立了中国科学院、国家医药管理局共管的"上海放射性药物联合研究开发中心"，力争成为我国南方最大的放射性药物研制和生产基地。二是自由电子激光装置的研制。这一装置是人类在70年代中期开发、利用新电磁波谱资源的又一重大突破，也是激光领域非常重要的发展方向。建立一个民用自由电子激光装置中心，这对核所、对上海乃至全国的科技事业都会产生很大的影响。三是工业CT的研制等。组织力量把改进型的工业CT试验装置尽快研制出来，积极争取企业部门的支持与合作，使实用型的工业CT能早日诞生、服务于生产。

在有关部门的支持下，核所先后建成辐射化学开放实验室、核分析技术开放实验室（与北京高能所联合）和基础物理实验室（与复旦大学联合）3个开放实验室。各个实验室的科技人员做了许多基础工作，取得较大的进展，有的还获得国家科委评议组专家的一致好评。这3个实验室按照"开放、流动、联合"的方针，不断提高实验室的学术水平、开放程度、研究成果、人才培养和管理水平，从而使核所逐步成为科学院面向国内外开放的、具有国际水平的、综合性的核技术应用研究基地。

一系列的改革举措给核所带来生机和活力，全所上下都感到有奔头、有希望，观念转变了，精神面貌也焕然一新，大家比学赶超，争做贡献，一批批科技英才、创业先锋脱颖而出，推动核所的事业不断取得新的突破。核所抓住改革开放带来的机遇，开始踏上良性发展的快车道！

第五章 业务行政双肩挑

❶ 1992年3月，核所先进集体、先进个人表彰大会召开。

❷ 1993年6月，杨福家接待上海市科技党委领导。

❸❹ 1995年3月27日，上海市副市长华建敏来核所视察。

❺ 1997年3月15日，核所科技开发工作会议召开。

❶ 1994年3月22日,杨福家所长与美国洛斯·阿拉莫斯国家实验室主任西格·赫克(Sig Hecker)。

❷ 1994年10月10日,由中国科学院上海原子核研究所和复旦大学共同主办的第四届核子微探针技术及其应用国际会议在上海教育国际交流中心召开,来自22个国家、地区的近百名科学家与会。

核子微探针技术是一门十分重要的现代核分析技术,它是核分析技术与微束技术相结合的产物,自70年代初问世于英国哈维尔实验室以来,发展迅猛,成为核分析技术中一个重要分支,在地质、材料、生物、医学、考古以及环境等诸多领域的交叉学科研究中得到越来越广泛的应用。复旦大学和上海原子核研究所先后于1988年、1989年建成核子微探针系统。

$\dfrac{1}{2}$

六、建设上海光源

1993年12月，我国正在拟订"九五"计划，丁大钊、方守贤、冼鼎昌3位院士提出"在中国建立一台第三代同步辐射光源"的建议。科学界一致为这个项目叫好，但巨大的投资——最初估价5亿元人民币——也让专家们望而生畏。1995年2月，杨福家在"九五"重大科研项目评审会上提出，地方政府是否可以参与投资？当时的中科院院长周光召、常务副院长路甬祥表示，如果上海市愿意出钱，可以与中科院共建。杨福家回来就约访相关上海市领导，市领导在意向上赞成上海参与这个项目。于是，杨福家请谢希德先生领衔，联合中科院上海分院院长王志勤及奚同庚、蒋锡夔、曹珊珊、金柱青等其他高校、科技界委员起草了"关于在上海建造第三代同步辐射光源"的提案，提交给2月15日召开的上海市政协八届三次会议（提案第431号）。

$\frac{1}{2}$

❶ 1995年4月7日，核所召开新一代同步辐射光源报告会暨座谈会，为申请建造上海光源预热。

❷ 2012年6月12日，杨福家与冼鼎昌交谈。

1995年上海"两会"刚刚当选的徐匡迪市长在参加政协科教组讨论时表示,上海支持这个项目,并愿意出三分之一的投资,后来又提高到二分之一。3月,中科院和上海市原则同意共同向国家建议建设第三代同步辐射光源,本来可能落户北京的这个大项目就这样被上海争取过来。6月,中科院决定成立项目的可行性研究工作组,北京高能物理研究所派人来上海一起研究,这也是项目成功的关键。

1998年3月,同步辐射工程预制研究任务经国务院科技领导小组批准、下达,上海同步辐射装置工程领导小组、上海同步辐射装置工程指挥部(筹)和上海同步辐射装置科学技术委员会正式成立。核所作为上海同步辐射装置工程的挂靠单位,将同步辐射技术应用确定为所里未来发展的主要方向,并根据工程的需要,组织部分科技队伍投入工程研制工作,在行政、后勤等方面为上海同步辐射装置预制研究提供有力保证。

上海光源工程是"大科学工程",即使在发达国家,这类项目从策划到批准立项也要几年时间,而且往往最终由国家最高决策层决定。上海光源能不能上马,必须由国家计委、科委、中科院等给出意见,由最高级别的领导层决定。在2000年预制研究验收通过后,上海光源项目建议书在2004年初的国务院总理办公会议上获批。于是,上海光源工程在2004年12月25日正式破土动工。

上海光源工程的立项和建设,得到中科院和上海市领导长期的强有力的支持。在工程建设期间,路甬祥院长和韩正市长分任工程领导小组组长和副组长。作为工程总指挥、副总指挥的江绵恒副院长和杨雄副市长直接领导和指挥,在工程立项和建设阶段,经常亲临现场,在简陋的工地办公室、泥泞的施工现场检查工程进展,及时解决重大问题,明确重大科学方向,做出重大决策。相关职能部门也都把国家利益放在首位,以务实高效的工作作风,为上海光源工程的顺利实施提供了坚实的保障。

$$\frac{\frac{1}{2}}{3}$$

❶ 杨福家手绘草图,成为上海光源最早的规划蓝图。
❷ 上海光源中心规划方案图。
❸ 2006年6月13日,在中国科学院第十三次院士大会后,杨福家和路甬祥院长在一起交流。

上海光源工程的建设内容包括一台150兆电子伏特的电子直线加速器、一台周长为180米的全能量增强器、一台周长为432米的3.5吉电子伏特的电子储存环、首批7条光束线和实验站、配套的水风电设施与主体建筑和辅助建筑，总投资14.344亿元。这个工程有非常特殊的专业要求。比如，国际上光源都建在很坚固的地面上，而上海是个"烂泥滩"，是软土地基，实验大厅有2万平方米的地板，要求微震动小于1微米；长432米的隧道，温度误差要控制在正负0.1℃之间……上海光源是一座庞大、复杂、精密的光机电一体化的科学研究设施，工程队伍涉及20多个学科门类和技术专业，工程施工人员在总经理徐洪杰的领导下，克服了无数的困难，完成了各项建设任务，研制了性能上国际领先的长程面型仪、兆瓦级储能型动态数字化电源、脉冲切割磁铁和能量分辨率世界最好的平面光栅单色器等一大批自主研制仪器和设备，成就了令我们骄傲和自豪的光源工程。

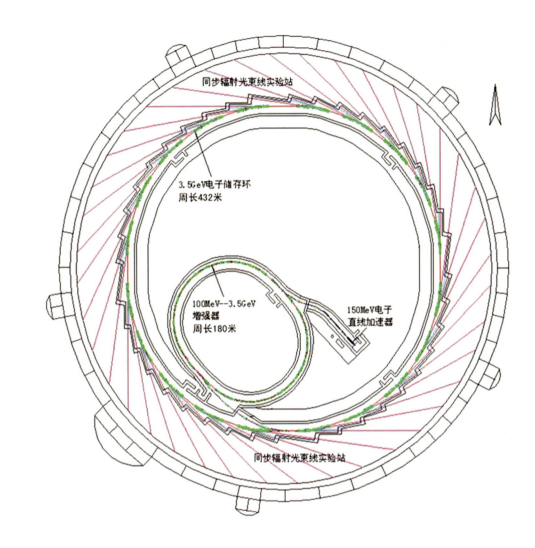

❶ 上海光源结构图。

❷ 自主研制的椭圆极化波荡器（EPU100）。

❸ 首台自主研制的真空波荡器。真空波荡器是上海光源工程的重大关键设备，当时国内尚不能制造。通过国际招标，上海光源工程项目组向美国公司订购了两台，但美国公司以种种理由拖延交货。2008年3月，上海光源工程项目组紧急决定自主研制。真空波荡器结构复杂，工艺难度高，是集高精度磁铁技术、超高真空技术、精密机械传动与控制技术等多项高技术于一体的大型设备。被"逼上梁山"的中国科技人员夜以继日，争分夺秒，在不到一年的时间内，攻克了技术难关，完成了真空波荡器的研制。2009年2月4日，安装在上海光源储存环上的国内首台真空波荡器调试出光，达到预期目标。

● 3.5吉电子伏增强器。2007年10月5日凌晨4时25分,经过约60个小时的调束,上海光源增强器成功地实现了3.5吉电子伏的电子束升能。这是继5月15日直线加速器出束后上海光源工程建设的又一个重要里程碑。杨福家闻讯后激动地说:"上海应用物理所的一批年轻专家正在从事仪器调试阶段最重要的任务——让电子进入轨道并达到预定状态。能否圆满完成任务的关键是电子能否精确地进入轨道,误差不能大于万分之一,其难度绝不亚于控制探月卫星运行姿态。令人振奋的是他们一次就成功了,一个电磁波进去就是3次,第三圈下来容量马上达到要求。不仅精度完全达到要求,而且能量也达到指标。从9月30日20时增强器启动调束到升能成功,历经4天半和不到60个小时的总调束时间,上海光源增强器调束成为世界上同类装置中进展速度最快者之一。国际上的同行专家看了后没有话说,就是世界水平!由此我感到,上海确实有一批非常优秀的人才。上海科技人员算得准、调得好,技术工人加工得精确无误!这批年轻人有了大舞台,就表演得有声有色!"

从2004年12月25日开工,到2007年12月24日出光,用了整整3年时间,国内外同行评价质量一流、速度世界少见。国际专家评价"上海光源建设创造了新的世界纪录"。国家验收意见是"上海光源……坚持自主创新,在诸多方面实现了创新和突破,自主研制的设备超过70%;以世界同类装置最少的投资和最快的建设速度,实现了优异的性能,成为国际上性能指标领先的第三代同步辐射光源之一"。国家主管部门认为:上海光源的建成,是我国科技事业发展的又一重要里程碑,与"两弹一星"、北京正负电子对撞机一道成为我国重大科技基础设施建设起步、发展和快速发展3个阶段的标志。以"团结协作、顽强拼搏的奉献精神,严谨高效、勇攀高峰的创新精神,实事求是、精益求精的科学精神"为核心的上海光源精神,创造了我国大科学装置建设的一个成功范例,也创造了中科院与上海市"院市合作"的典范。

❶ 上海光源俯瞰图。
❷ 杨福家和彭秀玲在上海光源前。

上海光源是我国迄今为止最大的大科学装置和大科学平台,可以同时向上百个实验站提供从红外光到硬X射线的各种同步辐射光,可用于生命科学、材料科学、环境科学、信息科学、凝聚态物理、原子分子物理、团簇物理、化学、医学、药学、地质学等多学科的前沿基础研究,以及微电子、医药、石油、化工、生物工程、医疗诊断和微加工等高技术开发应用的实验研究。数百名不同领域、不同单位甚至不同国家的科学家可以同时做各自的实验。

上海光源的开放运行,推动了我国多学科领域的快速发展。但面对众多领域的科研需求,上海光源的机时仍然严重"供不应求"。用户课题数量不断增长,实验机时供需矛盾非常突出。上海光源正在紧锣密鼓地进行二期工程建设,截至2021年底,共有27条线39个实验站投入运行,可提供近百种先进的同步辐射实验方法,每天让数百名不同学科领域的科学家和工程师夜以继日地工作在各自的实验站,开展物理、化学、生命、材料、环境、地质等学科研究,或进行信息、微电子、化工和制药等高技术开发。就在"鹦鹉螺"的"隔壁",一个更加振奋人心的装置正在悄然拔地而起,它就是被誉为第四代先进光源的X射线自由电子激光。自由电子激光具备超高的亮度、超短的脉冲和极好的相干性,在性能方面具备无可替代的优势,它将与同步辐射光源互补,成为一种探索自然奥秘和发展高新技术的最先进的研究平台,使人们从拍分子照片进入拍分子电影的时代,有助于解决人类面临的迫切问题。1991年杨福家就呼吁建设这种装置[①],现在他的愿望终于能得以实现。

1 | 2

❶ 2009年11月28日至29日,上海光源第一届用户学术年会在中国科学院上海应用物理研究所召开。来自国内以及日本、新加坡的80家单位的326位专家和代表参加了会议。杨福家院士、陈森玉院士、中国科学院基础科学局副局长刘鸣华、计划财务局基地处处长罗小安出席会议并致辞,上海应用物理所所长赵振堂致辞欢迎并宣布开幕,冼鼎昌院士、上海市科委代表等出席会议。

❷ 《上海同步辐射光源简报》第1期(2010年2月2日)报道了胡锦涛总书记、吴邦国委员长等视察上海光源工程的消息。

① 杨福家《中国科学院上海原子核研究所年报》(1991),原子能出版社1991年版,前言。

七、谱写核所新篇

1997—1998年是上海原子核研究所告别求生存阶段、走向求发展阶段的转折时期,是为跨入国内一流、国际先进研究所奠定良好基础的关键时期,也是开创新局面、迎接新阶段的重要时期。在这一时期,上海原子核研究所以上海同步辐射装置的预研为契机,进一步确立了研究所的发展方向、任务和目标,并朝实现研究所整体工作目标迈开了新的步伐。

根据科技发展的大趋势及中国经济、社会发展对研究所和对科学技术的新需求,并结合核所的客观现状,通过学科调整、体制改革和运行机制的转换,逐步形成4个优势研究领域(同步辐射光源和应用研究、核物理实验和理论研究、核技术及交叉学科研究、放射性同位素和辐射化学研究)和3个高新技术产业方向(特种仪器仪表、辐射改性材料与辐射装置、放射性药物)。

❶ 1997年1月2日,上海市科技党委领导宣布新一届核所领导班子成立。
❷ 1997年1月,核所领导班子成员合影,左起分别为朱志远、徐洪杰、曹珊珊(以上3位为副所长),杨福家(所长),沈文庆(党委书记兼副所长),侯仁锃(副所长),陆晓峰(党委副书记)。

深化科研体制改革,调整科研组织机构。按照研究所的战略定位、研究方向、发展目标和工作模式,进行科研体制结构的调整。初步形成4个研究室、3个中心的科研新格局(即核物理研究室、核分析技术实验室、辐射化学实验室、应用加速器实验室、新技术研究发展中心、放射性药物中心和辐照中心),逐步建立起适应核所发展现状的科研机构体系。

科技企业规范管理,速度效益同步提高。加强对科技企业的管理,清理、整顿企业,全所逐步形成9个骨干企业;按照现代企业制度的要求,建立较规范的管理体制,完成变压器公司转制和日环一厂资产界定初步方案,核技术开发公司的国有独资公司的转制工作业已启动;探索经营者分配机制,在日环仪器厂率先推行主要经营者年薪制制度;为改善激励机制,制订并实施技术开发奖励条例;为使企业发展壮大,尽快达到规模效益,上市公司的筹划工作业已展开。创新已成为企业生存和发展的灵魂。变压器公司的铁路恒压器产品,已形成单相主系列基础产品,而三相交直流转换机专用恒压器也已研制成功;新艺材料中试部的镍氢电池隔膜产品的研制有所突破,有望成为新经济增长点的主要项目之一;日环一厂SW-697型双探头 γ 计数器已推向市场;日环仪器厂S8001模拟量火灾报警系统已全面替代老一代报警产品,完成了产品的更新换代;科兴公司氟18(FDG)完成临床前药理研究。铼188药盒已研制成功,通过上海市药品检验所检验,上报卫生部待审。1997—1998年全所技术开发总销售收入达2.7亿元。

$$\frac{1}{\frac{2}{3}}$$

❶ 上海某小区安装的日环仪器厂生产的火灾预警系统,至今仍在正常使用。
❷ 1996年5月13日,杨福家接待出席科兴药业公司开业庆典的华建敏副市长。
❸ 1996年5月13日,科兴药业公司开业庆典。
由解放军总后勤部中国新兴(集团)总公司和中国科学院上海原子核研究所共同投资兴建的上海科兴药业公司,1996年5月21日在上海嘉定科技城落成。这是中国首家用回旋加速器制备放射性药物的产业化基地。
放射性药物是用高科技方法制取的放射性核素制剂及其标记物。医学研究证实:放射性药物所独具的定向"攻击"能力,对早期诊治肿瘤和心脑血管疾病等威胁人类健康的三大"杀手"效果显著。与常规使用的B超、CT和核磁共振等相比,灵敏度更高的核医学手段能提前半年至3年发现人体脏器、心脑血管的早期病变。
据专家介绍,患者注射微量的放射性显像药物后,药物能自动定向浓集在肿块、血栓等病灶部位,并向外发射高分辨率的射线。医师通过体外的接收和分析仪器,在患者不开刀、不流血、无痛苦的情况下,就能清晰透视人体内状况,并做出准确的疾病诊断。体内注入放射性治疗药物或体外辐射治疗,好似一枚枚"导弹",能针对病灶进行"轰击",杀死癌细胞,并使肿块缩小甚至消失或清除血栓,对正常细胞损伤极少。对恶性肿瘤治疗的有效率高达80%,治愈率为50%。

核所把人才培养工作作为所里的长期战略任务，加速培养跨世纪人才。优秀人才层层涌现，一批优秀青年脱颖而出。胡钧、马余刚获国家杰出青年基金，马余刚获"上海市十大科技精英"称号，冯军、马余刚被评为"中国科学院沪区十大优秀青年"。核所招收研究生和引进人才工作无论在数量和质量上都呈现积极向上的发展趋势。

八、布局未来发展

1996年，中国科学院根据21世纪科学前沿发展和国民经济发展对科学技术的总体要求，开展了对下属各研究所的"分类定位工作"。目标是建设80个左右精干的、走在国际前沿的、代表我国科技水平、承担国家科技支撑的研究所和一批面向市场并服务于企业、地方与行业的技术开发型研究所，为迎接21世纪科技的发展，从科技体系结构、优秀人才、运行机制、资源合理配置等方面做好充分的准备。①

1997年，杨福家在国内首倡"知识经济"概念，获得举国上下极大关注。这促使世纪之交的整个社会都在思考如何在知识经济时代，抓住机遇，迎接挑战，在21世纪的激烈竞争中立于不败之地。

1997年，在对世界经济、科技发展趋势和中国经济、科技发展战略进行研究和分析的基础上，中国科学院向中央提交了《迎接知识经济时代，建设国家创新体系》的研究报告，江泽民总书记作了重要批示，支持中国科学院开展试点、先走一步，真正搞出中国自己的创新体系。1998年6月9日，朱镕基总理亲自主持的国家科教领导小组第一次会议审议并批准中国科学院率先开展国家知识创新工程试点工作。②

1998年11月，中国科学院组织有关专家对核所分类定位工作进行评审，认定为科研基地型的研究所，并建议进入知识创新工程试点。核所上下团结奋发，积极开拓，调整结构，明确定位。2000年，中科院上海原子核研究所进一步确定科学目标，确定先进光源和束线、先进离子束的科学与技术研究，核物理及交叉、边缘学科研究，核技术科学的应用研究3个学科领域；确定研究所知识创新工程试点方案的基本框架和研究所的战略定位——用10年左右时间将中科院上海原子核研究所建设成国际先进、具有中国特色的民用非动力核技术科学研究基地。

● 1997年，杨福家在复旦大学主讲知识经济。

---

① 《中国科学院九六年度结构调整工作计划重点》，载于中国科学院办公厅编《中国科学院年报1996》(内部资料)，1997年版。
② 《中国科学院1998年工作总结与1999年工作要点》，载于中国科学院办公厅编《中国科学院年报1999》(内部资料)，2000年版。

1	2
3	4

❶ 1999年9月28日，中国科学院上海原子核研究所举行隆重、简朴的建所40周年庆祝活动。到会的有中国科学院、中国科学院上海分院、上海市科委、区镇和兄弟所的领导，李政道博士热情地发来贺信。在所里财政有限的情况下，对园区部分建筑和环境进行装修和整理，推出《建所40周年征文集》，编印精美的画册，并在《科学时报》作专版新闻报道，取得圆满成功。

❷ 上海原子核研究所庆祝建所40周年，中国科学院院长路甬祥与核所老同志座谈，对核所的工作予以充分肯定，并对未来的发展方向作出重要指示。图为杨福家和路甬祥在座谈会上。

❸ 1999年9月28日上海原子核研究所庆祝建所40周年，杨福家做"冷核聚变10年"的学术报告，受到全所科技人员、研究生的欢迎。

❹ 上海原子核研究所庆祝建所40周年，杨福家讲话。右为中国科学院方守贤院士，他做了题为"加速器驱动的核能源及散裂中子源"的学术报告。

杨福家从2001年开始担任英国诺丁汉大学的校长，就离开了他深爱的核所所长岗位。他的继任者有条不紊地继续开拓和发展核所事业。2001年6月核所被批准进入知识创新工程试点。7月底召开2001年夏季所务扩大会议，认真讨论实施中国科学院知识创新工程试点的机构调整、创新研究项目的落实、资源配置方式、岗位聘任、分配机制、人才队伍建设、中层干部调整等问题的原则意见和基本框架。根据会议部署，围绕研究所的学科定位，调整科研组织结构和干部队伍，落实科技创新项目，实施人才和队伍建设规划，以及加强国际国内学术交流与合作、实施创新岗位聘任等，全面启动研究所知识创新工程试点工作，为核所实施科技创新、迎接新的历史阶段、续写辉煌奠定了基础。

杨福家在核所工作14年，带领核所走出困境，闯出一片广阔天地，掀起核所历史发展的新篇章。这也是他最有成就感的14年。

❶❷ 2001年3月1日，杨福家在核所介绍英国大学的情况。

❸ 2012年1月杨福家在核所欢度春节。

① 2001年6月22日，核所举行聘请杨福家院士为高级科学顾问暨颁发聘书仪式。左起分别为赵振堂、沈文庆、朱志远（后排）、杨福家、徐洪杰（后排）、曹珊珊、侯仁锠（后排）、陆晓峰。

② 2006年6月12日，正值杨福家70岁生日，中国科学院上海应用物理研究所、上海市科技协会和复旦大学现代物理研究所联合举办的国际原子与分子讨论会在沪召开。与杨福家相识40余年的格罗津斯（右二）、相识20余年的山崎敏光（Toshimitsu Yamazaki，日本东京大学教授，右一）、冯达旋（美国德州达拉斯大学教授、副校长，左一）等专程从美国、日本赶来参会并祝贺，让杨福家深受感动。

③ 杨福家《我最有成就感的14年》一文，发表于《文汇报》2006年11月19日。

九、荣誉纷至沓来

天道酬勤，一分耕耘，一分收获。杨福家的努力奋斗，获得国内外学界的瞩目和充分肯定，各项殊荣也随之纷至沓来。

1984年，被评为国家级有突出贡献的中青年专家。1987年，获"上海市优秀教育工作者"称号，《原子物理学》一书被评为国家级优秀教材。1988年，被评为上海市劳动模范，"能级宽度的测量"获国家教委科技进步二等奖。1991年，开始享受政府特殊津贴。

1979年，担任国际超精细相互作用会议顾问委员。1981年，担任国际离子束分析会议顾问委员。1984年，担任国际Bohmisch科学协会科学委员。1987年，被英国剑桥国际传记中心授予"有成就的人"称号。1988年，被李政道教授聘为中国高等科技中心特别成员。1989年，担任第九届国际离子束分析会议分会主席。

1989年，杨福家夫妇在北京钓鱼台受到中央领导接见。1991年10月3日，杨福家当选为第三世界科学院院士。1991年11月，他当选为中国科学院（数学物理学部）学部委员。学部委员制度始于1955年，此前只选过3次，杨福家是新中国获得这项荣誉的第四批科学家。[1]根据1992年4月中国科学院第六次学部委员大会公布的数字，当时我国学部委员仅有509人。[2]可见这是多么巨大的荣誉！很多相知多年的老师和朋友发来真诚的祝贺，让杨福家感到欣喜不已。更为难得的是，这一次是他和三哥杨福愉一起荣膺学部委员称号，成为学术界凤毛麟角的"兄弟院士"之一。这更加激励他们珍惜荣誉，继续为国家做出更大的贡献。

❶ 1989年在北京钓鱼台受到中央领导接见。
❷ 工作中杨福家经常成为大家聚焦的对象。

---

[1] 1955年6月1日，中国科学院学部成立大会推选出172名学部委员；1957年5月23日，第二次学部委员大会增选18名学部委员；1960年4月17日，第三次大会未增选委员；1981年5月11日，第四次学部委员大会增选283名学部委员；1984年1月5日，第五次学部委员大会未增选委员。1991年11月，选举出210名新学部委员。此后每两年增选一次，形成制度，并于1993年学部委员改称"院士"。

[2] 高尚全、迟福林《中国改革开放通典》，山西经济出版社1993年版，第610页。

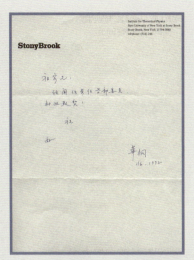

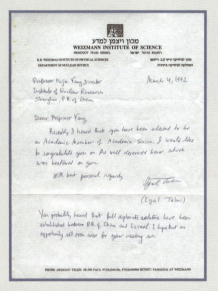

1	2	3	4
5	6	7	8

❶ 中国科学院通知杨福家当选为中科院院士。

❷ 1991年12月16日，第三世界科学院院长穆罕默德·阿卜杜勒·萨拉姆（Mohammad Abdus Salam，1926—1996，1979年获得诺贝尔物理学奖）通知杨福家当选为通讯院士（Corresponding Fellowship of the Academy）。1993年杨福家升为院士（Fellow of the Academy）。

❸ 杨福家当选中科院院士后，收到石溪大学聂华桐的贺信（1992年1月6日）。

❹ 杜克大学皮尔普许的贺信（1992年2月4日）。

❺ 好友莱德福德·尼克斯（Radford Nix）的贺信（1992年2月11日）。

❻ 耶鲁大学张国鼎（Richard K. Chang）教授的贺信（1992年2月13日）。

❼ 以色列核物理学家伊加尔·塔勒米（Igal Talmy，1925—）的贺信（1992年3月4日）。

❽ 石溪大学杰拉德·布朗（Gerald E. Brown，1926—2013）教授的贺信（1992年3月25日）。

❶❷ 1991年12月10日当选学部委员后,杨福家在中国人民大学召开的会议上介绍复旦大学的工作。

杨福家还获得过很多其他重要荣誉。2006年4月22日，杨福家在美国加利福尼亚州获颁杰出成就奖。2006年11月，在北京召开的国际欧亚科学院中国院士第十次全体会议上，经过严格的选举，杨福家等7位不同领域的科学家当选为院士候选人。国际欧亚科学院先后10次推选中国院士和通讯院士共102名（包括外籍华裔科学家），在国际欧亚科学院中的人数仅次于俄罗斯国家科学中心。[1]

杨福家被很多世界名校授予荣誉学位。这不光是他个人的荣誉，也是复旦的荣誉，是祖国的荣誉。

杨福家获得的荣誉学位统计

授予时间	授予学校	学位名称
1995年10月6日	日本创价大学	名誉科学博士
1998年10月17日	美国纽约州立大学	名誉人文博士
1999年3月18日	香港大学	名誉科学博士
1999年7月10日	英国诺丁汉大学	名誉科学博士
2002年5月19日	美国康涅狄格大学	名誉科学博士
2010年3月17日	澳门科技大学	名誉科学博士
2013年12月6日	香港中文大学	名誉科学博士
2016年11月24日	香港岭南大学	名誉科学博士

杨福家获得的第一个荣誉学位是1995年日本创价大学授给他的名誉科学博士。1995年10月6日，杨福家访问日本。日本著名的创价大学举行仪式，授予杨福家名誉博士称号，以表彰他多年来在发展学术文化及提高本校的研究与教学水平方面所做出的贡献。该校由著名学者池田大作创办，此前其名誉博士学位仅授予戈尔巴乔夫、基辛格等23位世界著名人士。杨福家是继苏步青、丁石孙之后第三位获此荣誉的中国学者（《文汇报》1995年10月31日）。

❶ 2006年4月22日，杨福家在美国加利福尼亚州获杰出成就奖。
❷ 2009年11月，杨福家在国际欧亚科学院中国院士第13次全体会议上。

[1] 《我国7位科学家成为国际欧亚科学院院士候选人》，载于《光明日报》2006年11月14日。

❶❷❸❹　1995年10月6日，日本创价大学授予杨福家名誉科学博士。

第二个荣誉学位是1998年10月17日美国纽约州立大学人文名誉博士（Hon. Dr. Degree of Humane Letters）。杨福家很喜欢纽约州立大学授予的这个学位，因为他非常重视文科研究。他在担任复旦大学校长期间，就曾推选陆谷孙、王沪宁和章培恒为文科杰出教授，享受院士待遇。当时他还撰写了大量教育管理和人才培养的文章，发表了很多真知灼见，并合集出版了《追求卓越》一书，书中观点鲜明，文笔生动流畅，深受读者喜爱。2012年杨福家当选中央文史馆馆员，他也很珍惜这个荣誉，因为中央文史馆馆员是"文"的，而中国科学院院士是"理"的，一文一理，正好体现了他强调"文理结合"的博雅教育理想。

❶ 1998年10月17日，美国纽约州立大学授予杨福家人文名誉博士。
❷ 杨福家的纽约州立大学人文名誉博士学位证书。

杨福家在1999年先后获得香港大学名誉科学博士（1999年3月18日）和英国诺丁汉大学名誉科学博士（1999年7月10日）。他对这两所大学特别是香港大学授予他学位非常感恩。他说，1999年1月他获准辞去复旦大学校长职务，可谓正处于人生低谷。这两所大学将这么大的荣誉颁给他个人，香港大学还聘请他担任校长特别顾问，这些给了他走出困境的勇气和希望。不久后杨福家就担任英国诺丁汉大学的校长职位，大踏步迈向国际高等教育舞台，并于2002年5月19日获美国康涅狄格大学荣誉科学博士。

❶❷❸❹ 杨福家非常珍惜香港大学授予他的名誉科学博士学位，摄于1999年3月18日。

❶ 1999年7月10日,杨福家获得英国诺丁汉大学荣誉博士学位。
❷ 2002年5月19日,杨福家获得美国康涅狄格大学荣誉科学博士学位。

杨福家先后获得港澳地区多个荣誉博士学位。2010年3月27日,获得澳门科技大学的荣誉理学博士称号。2013年12月6日,获得香港中文大学荣誉理学博士称号。2016年11月24日,获得香港岭南大学荣誉理学博士称号。杨福家每次在庄严隆重的授予仪式上都发表演讲,阐述他的知识经济、博雅教育的理念。他的睿智、亲和极大地感染了每一名现场观众。在澳门科技大学的授予仪式上,他和袁隆平、吴家玮、欧阳自远、钟南山等一起获得荣誉博士称号。他当时没系领带,所以在演讲前先道歉说:"有点儿不好意思,我没有想到是这么大的场面,所以我就把领带取了。"听到杨先生的话,吴家玮连忙提议:"我们都把领带取了!"他同其他嘉宾一起取下了领带,场中响起一片欢快的掌声,这个举动一下子拉近了荣誉博士们与科大学生的距离,学生们都感受到台上令人尊崇的科学家没有架子,是和自己平等相待的大家庭中的一员。杨福家也由此荣膺"最亲切博士"的称号。

杨福家因为他非凡的科学和教育成就而获得国内外著名大学的荣誉博士学位,也充分证明新中国高等教育的崛起,中国教育取得的非凡成就已经获得国际瞩目和普遍认可。面对这么多荣誉,杨福家一如既往地谦虚。他经常诙谐地说:"叫我杨先生就好,我先出生嘛。我不喜欢被叫作院士。我还曾被评为劳模呢,没有人会叫我杨劳模吧!"只讲奉献,不计名利、荣誉、待遇,这才是一位值得尊敬的长者、智者和仁者!

❶ 2010年3月17日,杨福家和欧阳自远(左一)、袁隆平(左二)、钟南山(右一)一起在澳门科技大学获得荣誉博士学位。

❷❸ 2013年12月6日,杨福家获得香港中文大学名誉理学博士。

❹❺ 2016年11月24日,杨福家获得香港岭南大学名誉科学博士。

1	
2	3
4	5

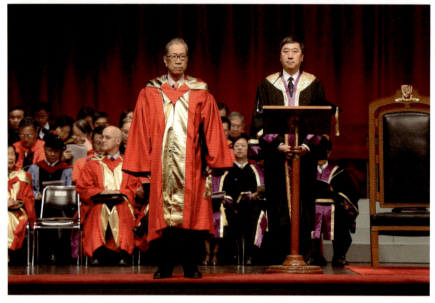

第六章

担任复旦校长

1954年9月杨福家踏进复旦校门，在这里走出一条不平凡的成长成才道路。他经常回忆起自己的大学时光，回忆起复旦园里大师们对自己的教诲和提携。他对母校的培养抱有深深的感恩之情。

杨福家有很多"头衔"和称号，但他最珍视的还是"复旦大学前校长"和"复旦大学教授"这两个带有"复旦大学"字眼的称号。在他的名片上，"复旦大学教授"永远是排在第一位的。看到很多新闻报道只称他"宁波诺丁汉大学校长"，他感到有点儿遗憾，经常说"写得不好。我首先是复旦大学教授啊"。他把自己的荣誉和母校的荣誉时刻联系在一起。

1993年，杨福家在新校长就职仪式上说："我准备以一颗赤诚之心奉献给孕育我成长的复旦大学。"抱着感恩的心，踏实奋斗，杨福家用自己的实际行动，推动学校在教学、科研和社会服务等方面取得长足进步。

杨福家担任复旦大学校长6年，一切工作都服务于育人。让复旦的学生更优秀、更杰出，成为学校工作的重中之重。他深知世界顶尖大学并不只在于顶尖的教师、顶尖的学术成果，更在于能培养出顶尖的学生。"复旦给了我什么？""我能给复旦什么？"每位复旦人都应时时拷问自己、鞭策自己，因为复旦大学的创一流离不开每个复旦人的踏实奋斗！

$$\frac{\frac{1}{2}}{3}$$

❶ 具有历史意义的复旦大学连续4任校长合影。右起：苏步青（1902—2003），任期为1978年7月至1983年1月；谢希德（1921—2000），任期为1983年1月至1988年11月；华中一（1931—2007），任期为1988年12月至1993年2月。杨福家（1936—2022）自1993年2月至1999年1月担任复旦大学校长。

❷ 2019年9月6日，杨福家（左二）参加第七届校董会第一次会议，与继任的几位复旦校长合影。右起分别为杨玉良、许宁生、杨福家、王生洪。

❸ 2007年3月13日，杨福家在复旦大学逸夫楼一楼报告厅做题为"复旦给了我们什么？"的演讲。

一、弘扬复旦精神

在复旦大学风景如画的校园里，有一条笔直、宽阔的林荫大道，两旁栽有高大的法国梧桐及香樟、水杉和银杏等树木——这就是著名的"光华大道"。这条路的尽头，矗立着一处著名的复旦地标建筑，那就是镌刻着"博学而笃志 切问而近思"10个金色大字的复旦大学校训纪念墙。纪念墙傍依第一教学楼，遥指化学楼和理科图书馆，连接起充满现代气息的东部校园和密布中华人民共和国成立前历史建筑的西部校园，象征着复旦精神承前启后、继往开来，指引一代又一代复旦人在培养人才、科研创新、服务社会和文化传承的道路上昂然奋进。

复旦大学校训纪念墙，正是在杨福家校长的主持下修建的。1995年复旦大学隆重举行90周年校庆典礼，由杨福家校长和李政道教授共同为这座校训纪念墙揭幕。

1
—
2

❶ 晨曦中的复旦大学校训纪念墙，摄于2019年3月。

❷ 在复旦大学校训墙揭幕式上，有学生请杨福家校长签名留念。

校训纪念墙体现了杨福家对"复旦精神"的重视。王沪宁说:"办好一所大学是有多方面困难的,物质的、环境的、人才的等。但是,最关键的还是目标和精神。"①杨福家非常重视大学精神的塑造和传承。他认为大学不仅仅是客观物质的存在,更是一种文化存在和精神存在。大学的物质存在很简单,如仪器、设备、大楼等。然而,大学之所以被称为大学,关键在于它的文化存在和精神存在。大学文化是追求真理的文化,是严谨求实的文化,是追求理想和人生抱负的文化,是崇尚学术自由的文化,是提倡理论联系实际的文化,是崇尚道德的文化,是大度包容的文化,是具有强烈批判精神的文化。大学文化体现的是一种共性,其核心与灵魂体现于大学精神。大学精神是一所大学的灵魂。

"博学而笃志,切问而近思。"复旦校训浓缩了复旦人追求真理、笃志奋斗的百年光辉历程,凝聚着使复旦大学永葆青春、充满活力、不断发展的最大精神能量,集中体现了复旦大学的办学理念和价值追求。

早在1993年11月,杨福家与学生座谈时就特别强调了"问"的重要性。他说:"青年人所面临的创造机会是很多的,但是要创造,首先在脑海中要有问题。"杨福家介绍自己编写《原子物理学》这本著作的目的是向读者提出问题,使青年学生觉得在现代科学中还有许多问题有待于大家解答。当代科学研究有很多前沿问题,比如,质量的起源是什么?如果世界上的电子质量与质子质量是相同的,世界将变成什么样?光子是自旋为1的玻色子,如果光子像电子一样有1/2的自旋,今天有没有电波、电视……接下来还可以问:光子的自旋为什么是1?电子的自旋为什么是1/2?这些问题和研究从表面看来与今天的国民经济没有关系,但是人们探索自然的信念是永远不会也不能停止的,而且这些研究终有一天会对世界经济发生影响。我们知道,19世纪研究电与磁的关系与当时的国民经济毫无关系,但如果没有这一研究,今天就不会有电灯。②

杨福家说,2 500年前"世界是由什么组成的"这个问题的提出,标志着人类思想的革命,导致了自然科学的诞生。科学上的伟大发现都离不开问题的驱动。爱因斯坦曾说过:"我没有特别的才能,只不过是喜欢穷根究底罢了。"美国"氢弹之父"泰勒进了实验室就问问题,每天至少提10个问题,虽然10个问题中往往有八九个问题是错的,但他的伟大创造就是在那正确的一两个问题上。20世纪伟大的物理学家玻尔曾说过"没有愚蠢的问题"。所以,青年人要勇敢地提出问题,没有问题是没有创造的。这应该成为大学文化内涵重要的组成部分。

● 李政道教授特别欣赏复旦大学校训中的"学"和"问"两个字。"学问"就是要问问题,而不是答问题。1995年5月27日,在复旦大学校训纪念墙揭幕仪式上,物理学家、复旦大学董事会名誉会长李政道发表了即兴演讲。他把复旦大学校训第一句的第二个字"学"和第二句的第二个字"问"抽出来,合起来讲他的看法。李政道寄语复旦学子,学习要有创见,真正的学习不是按照既定的程式来回答问题,而是"学问"——学习不断探索性地提出问题。他说:"学,就是学习问问题,学怎么样问问题,这才是学问。……我认为,学答,并不是学问。当然,学答也是重要的,能够回答问题,也是教育中很重要的一部分;可是,学会怎么样问问题,可能是更重要的一点。因为有问题才有答案,你不能先有答案,再去找问题,而且很多进展,尤其在科学上,都要问重要的、有关键性的问题,才可以有大的发展。"

---

① 王沪宁《敢于做理想主义者》,载于杨福家《博学笃志——知识经济与高等教育》,上海教育出版社2001年版,代后记。
② 杨福家《追求卓越》,复旦大学出版社1995年版,第185页。

杨福家强调"切问",就是倡导科学精神,让复旦大学的古老校训在科学时代焕发出新的生命力。杨福家也十分强调"博",强调"思",将传统学术崇尚的"博学"与现代科技创新有机融合。他率先倡导广博教育、通才教育,主张大学生不仅要学习知识,而且要学习思考,增长智慧,点燃心中的火种,成为不断适应社会发展、能与时共进的创新型复合人才。他近年大力提倡"博雅教育"理念,无疑又给复旦精神注入新的内涵、新的活力。

复旦大学校训纪念墙是复旦校园内的一道风景。有哪个复旦学子记忆里不曾有在校训纪念墙前灿烂的笑容、帅气的 pose、对未来的无限憧憬?复旦校训,历久弥新,永远引领年轻学子执梦前行。

	2
1	---
	3

❶ 1993 年 9 月 15 日,复旦大学 1993 年第三届世界校友联谊会在中国社会科学院学术报告厅开幕。图为孙越崎会长致开幕词,其旁左起分别为李岚清、杨福家、刘昌平、江浓。1 000 余名复旦校友参加活动。杨福家校长讲道,不久前在新加坡结束的首届国际(中文)大专辩论会,复旦 4 名选手(3 位本科生和 1 位硕士生)以 5∶0 淘汰英国剑桥大学由 3 位博士和 1 位硕士组成的代表队,以 4∶1 淘汰澳大利亚悉尼大学代表队,以 5∶0 战胜中国台北大学代表队,从而以绝对优势获得冠军,全场掌声骤响。杨校长笑指孙越崎(1893—1995)、张丰胄(1907—2005)等老先生,问大家:"面对他们,你们感觉到一个'老'字吗?没有!这就是复旦的精神!"

❷ 2006 年 5 月 6 日,杨福家在纽约参加复旦大学校友会活动时在校训旗前留影。

❸ 2013 年 12 月 18 日,杨福家在"复旦精神传承与基础教育转型——第六届复旦基础教育论坛"上演讲。演讲地点在复旦大学附属中学。杨福家在演讲中说:"中学教育对人的一生有着深刻的影响,一代伟人钱学森在回忆自己一生中影响最大的 17 个人中,有 7 个人是他的中学老师。"

二、确立奋斗目标

1993年2月25日,杨福家在校长任命大会上,提出要把复旦大学建设成世界一流大学的目标。

此时,国家开始立项建设"211工程",规划面向21世纪,重点建设100所左右的高等学校和一批重点学科。复旦大学是一所有悠久历史的大学,中华人民共和国成立后在党和政府的领导、支持下,经过历届党政领导和几代复旦人的努力,已经成为一所高水平并有较大影响的综合性大学。国家实施"211工程",既向复旦大学提出了艰巨的奋斗目标,又为复旦大学创造了难得的发展机遇。争取进入"211工程"为全体复旦人所关注,成为凝聚全校的巨大力量。

1994年12月19—21日,国家教委专家预审组对复旦大学进入"211工程"报告作部门预审。国家教委党组副书记、副主任张孝文,上海市委副书记、副市长徐匡迪在预审会上发表重要讲话。全国政协副主席苏步青、市委副书记陈至立、副市长谢丽娟等有关领导参加了预审。杨福家在预审会上向专家预审组汇报了复旦大学"211工程"整体建设规划的主要内容。

经过3天认真的审议和考察,专家组一致认为,复旦大学已成为居于国内一流水平并有较大国际影响的社会主义大学,经过努力能够进入世界一流大学的行列,建议通过复旦大学申请进入"211工程"部门预审,并建议国家教委、国家有关部门和上海市政府加大对复旦大学建设的投入强度,给以必要的政策支持。复旦大学成为少数几所率先进入"211工程"、并得到国家重点支持的学校之一。

在国家财政不甚宽裕的情况下,复旦大学得到国家重要的资助。如何使用好这笔钱,为国家和上海市做贡献?杨福家提出两条原则:一是拿国际金牌,二是对社会经济发展做出直接贡献,这两个标准对于理科和文科是同样适用的。杨福家表彰了几项"拿金牌"的文科成果,如三卷本的《中国文学史》、六卷本的《西方美学史》、七卷本的《中国文学批评通史》等著作,认为"这些著作与复旦的标志紧密相联",并鼓励文科学者"进一步努力,力争创造复旦的学派"[①]。杨福家要求每个"211工程"重点研究项目都至少要符合两项条件中的一项。只有有所不为才能有所为,才能集中资金做出更大的贡献,回报国家和地方对高校的支持。

复旦大学着力把工作重点放在学科建设上,通过改造、建设和创新,集中有限资源,重点加强全国重点学科和新的学科群,促进学科间的渗透与联合,以形成门类较为齐全、总体结构合理、有鲜明特色的研究性综合大学格局。与此同时,力争使学校整体学科水平处于国内领先地位、部分学科赶上或达到世界一流水平。

在确定进入"211工程"后不久,创办于1905年的复旦大学喜迎90周年校庆。1995年5月27日,来自海内外的5 000余名校友汇聚一堂,共庆母校华诞。江泽民、李鹏、乔石、李瑞环、刘华清、荣毅仁、李岚清、李铁映等党和国家领导人为复旦校庆题词。江泽民的题词是"面向新世纪把复旦大学建设成为具有世界一流水平的社会主义综合性大学"。这一题词充分肯定了复旦大学领导班子提出的奋斗目标,激励全体复旦人奋发图强,为这个宏伟目标奋斗不息。

❶ 杨福家校长在庆祝复旦大学建校88周年大会上讲话。
❷ 杨福家校长在讲话草稿中强调,复旦大学应以成为世界一流大学作为发展目标。
❸ 复旦大学"211工程"部门预审专家组成员听取杨福家校长的汇报。
❹ 在复旦大学90周年校庆午餐会上,校长杨福家举杯庆祝。
❺ 江泽民同志为复旦大学90周年校庆题词。

---

① 杨福家《迎接新的腾飞——在庆祝第十二届教师节大会上的讲话》,1996年9月10日。

第六章 担任复旦校长

面向新世纪把复旦大学建设成为具有世界一流水平的社会主义综合性大学

江泽民 一九九五年五月廿二日于上海

三、力倡教学改革

杨福家担任校长后，对本科教学提出3点要求：第一，从办学理念上，要实行通才教育；第二，针对学风不好、考试作弊等现象，要加强学风、考风建设，杜绝考试作弊行为；第三，要开展学分制建设。[1]由此，一系列大刀阔斧的改革措施开始实施，在社会上引起巨大反响。

杨福家在整顿学风和考风方面可谓不遗余力。1993年6月他提出"谁作弊，谁退学"，舆论一片哗然，但复旦大学还是不折不扣地执行下来，并成为高校教育改革的共识和标杆。他说："我在做复旦大学校长的时候，最脸红的事是收到美国大学寄来的信，说我们的学生报考了他们学校，要求查查该生在校期间成绩单的真假。""一抓作弊，学生的学习风气一下就得到改善了，在社会上产生了积极的影响。美国领事馆官员说，复旦大学的同学来签证，我们肯定都给签。这是因为我们还规定，成绩优等的比例不能超过30%，加上对考试作弊严肃处理，这样一来，学生的质量肯定是高的、是货真价实的。"[2]

"本科不牢，地动山摇。"本科生教学质量是衡量一所大学办学水平最重要、最基本的指标。杨福家非常重视本科教学，提出"一流教授要为大学本科生上基础课"，让最好的教师给本科生上课，激发学生对知识和真理的追求。学校为本科生师资配备采取很多举措。例如，给上基础课的博士生导师发放特殊津贴，学期第一堂课由校领导亲自到教室来介绍，等等。杨福家十分重视"立德树人"，他在《光明日报》头版发表文章，提出教授的首要任务是教学生如何做人。

1994年，杨福家提出复旦大学应实行"广博教育"，拉开课程体系全面改革的帷幕，为后来全面实施"通识教育"打下坚实基础。在王沪宁的建议下，学校还成立"（优秀学生）复旦大学21世纪学会"，集中全校研究生和高年级本科生中最优秀的100名学生入会。该学会旨在通过学术讨论交流活动，让不同专业互通、文理互通、会员相互交流，在交流中碰撞出"火花"，达到"学科交叉、文理贯通"的目的。谢希德老校长、杨福家校长等校内诸多学者几乎都来做过相关学科发展现状和未来的报告。这个学会的很多人（如生命科学学院的卢大儒、信息学院的汪源源等），后来都成长为学校、院系的领导和教学科研骨干。其他大学群起效仿，各校"21世纪学会"纷纷成立。[3]

为了开展通才教育、拓宽学生视野，复旦大学开创性地设立了很多讲座，广泛地邀请国内外一流专家来复旦"登台表演"。[4] 1996年5月20日下午，复旦大学第一次创设的教授讲座"杨武之教授论坛"开讲，由诺贝尔物理奖获得者杨振宁教授作第一次演讲。杨福家在开讲仪式上说，虽然复旦大学还不能像世界一流大学（如美国哈佛大学）那样，设立教授讲座，经常请世界一流学者来演讲。但是，复旦大学将陆续创设一些自然科学、人文科学、国际关系、管理科学、技术科学的讲座。"复旦大学正朝着世界一流的方向迈进。一流的大学应培养一流的人才。培养一流的人才关键在于一流的教师"。

自1994年以来，复旦大学先后推出"向新世纪挑战"大型科技系列讲座、发展论坛、东西方文化系列讲座、中国传统文化精华论坛、21世纪学会系列讲座、复旦学者周、林肯讲座、松下讲座等系列讲座，其中影响最大的是由复旦发展研究院主办的"发展论坛"。这个论坛先后邀请历史学者姜义华、泰国正大集团总裁谢国民、美国前总统里根的科学顾问基沃斯、上海市常务副市长徐匡迪院士、浦东新区主任赵启正、全国政协副主席钱伟长院士、国家体改委主任乌杰、美国微软公司总裁比尔·盖茨、美国哈佛大学费正清东亚研究中心主任傅高义等来讲演。杨福家校长表示，发展论坛面向校内外，将努力办成国内外著名的论坛。

1	4
2	5
3	6

❶ 杨福家校长在复旦大学1994级本专科生开学典礼上讲话。
❷ 1995年9月14日，杨福家出席复旦大学1995级新生开学典礼，并与学生交流。
❸ 杨福家校长在复旦大学1997级学生开学典礼上讲话。
❹ 1996年，杨福家在劳模与青年学生座谈会上讲话。
❺ 1996年9月，杨福家校长、程天权书记出席复旦大学庆祝第十二届教师节大会。
❻ 1998年，杨福家校长在复旦大学庆祝第十三届教师节大会暨复华奖教金颁奖仪式上发言。

---

① 孙莱祥《复旦大学本科教学改革》，载于中共上海市教育卫生工作委员会党史办公室《上海教育卫生改革创新亲历记 1992—2002》，上海浦江教育出版社2014年版，第263页。
② 同上，第268页。
③ 童之益《我的国政系岁月——张霞珠老师访谈录》，载于本书编写组《国务学脉——复旦大学国际关系与公共事务学院老教师访谈口述史》，复旦大学出版社2015年版，第157-175页。
④ 杨福家《让复旦成为名人表演的舞台》，《复旦》1998年9月3日。

第六章 担任复旦校长

❶ 复旦大学21世纪学会成立大会，主席台右起分别为王荣华、杨福家、苏步青、钱冬生、程天权。

❷ 复旦大学21世纪学会专家指导团团长杨福家校长宣布复旦大学21世纪学会成立。

❸ 杨福家校长向专家指导团颁发聘书。

❹ 1993年10月19日，陈至立（右二）、杨福家和李远哲（左二）在复旦大学合影。李远哲在复旦大学演讲时告诉同学们要爱国。他说，科学本身是没有国界的，不管你在哪里做研究工作，找到的真理是有普遍性的；但是，一个人在社会做科学研究工作是有地方性的。对于中国社会来说，如果没有很多科学家在探求基本知识，在探求的过程中，如果不能培养出很多真正懂得科学技术的年轻人为社会服务，那么对中国社会的发展将是很不利的。他还告诫同学们要努力学习，要经受住物质的诱惑。他说自己在大学一年级时穿的一件衣服是父亲留下来的，有很多补丁，每个礼拜天他都要再补几针。穿的袜子破了，就把电灯泡摘下来，袜子套上去，自己动手补。只要吃得饱，有地方睡觉，他就感到很满意。当然，现在我们的社会有很多矛盾。真正培养生产力的人得到的报酬却很低很低，这种现象是要改过来的。（《李远哲与复旦学生对话》，《中国教育报》1994年1月11日）

❺ 李政道多次来复旦大学演讲。1994年6月14日，李政道作题为"科学的挑战——从中国古代到现代"的演讲，从物理学的历史发展与下一世纪科学发展趋势的结合上，揭示基础科学的重要性。他提出，基础科学像水，应用科学像鱼，而市场经济如同鱼市场，三者是相互依赖的关系。在整个国民经济中，三者应保持恰当的比例。例如，基础科学占1%～2%，应用科学占10%左右，其他（80%～90%）为市场发展。

❻ 1994年10月23日，李政道在复旦大学逸夫楼报告厅演讲。演讲结束后，李政道与荣获第九届李政道物理学奖学金的学生合影并亲切座谈。

❼ 1995年，李政道为复旦大学90周年校庆作报告。

❽ 1996年，复旦校长杨福家向杨振宁教授授予杨武之教授论坛纪念牌。

❾ 1996年，复旦大学校长杨福家在"杨武之教授论坛"开讲仪式上讲话。演讲原定于在逸夫楼举办，因为学生太多而更换到李达三楼的阶梯教室。有500多个座位的教室不仅座无虚席，而且连两侧和中间的通道上以及主席台前都挤满学生。讲座的组织者一边安排学生席地而坐，一边频频致歉："意想不到，意想不到！"
当时杨振宁讲的是"对称和物理学"。他从水生生物开始，继而讲到12种花的形态，再到苏东坡的回文诗、巴赫的小提琴二重奏"轮唱"、绘画、雕塑、建筑、几何、天文，然后切入数学的"群"、物理学的体，直到量子物理学的粒子和反粒子、规范对称及强力、电磁、弱力、引力的相互作用，以及现代物理学中的种种对称概念……演讲深入浅出、引人入胜，听讲的学生如痴如醉，无不叹为观止。

❿ 1996年6月28日，比尔·盖茨首次访问上海，并到复旦大学演讲。复旦大学相辉堂内人满为患，不少人席地而坐。校长杨福家授予比尔·盖茨特别研究员证书，盖茨接着进行了演讲。演讲现场没有翻译，只有用作说明的投影。学生们都为能目睹仰慕已久的电脑奇才而兴奋。一位年轻的计算机教授在听了比尔·盖茨的演讲后说："盖茨最突出的是他个人的气质——坚定的预见和大胆的冒险。他看准了什么就全力去推行。"比尔·盖茨在演讲中说："人类的最大进步并不在科技的发现和发明上，而是如何利用它们来消除不平等……消除不平等才是人类最大的成就。"比尔·盖茨在演讲时提到，在他结婚时，已是癌症晚期患者的母亲对他说："从社会得益很多的人，社会对他的期望也很高。"这些话让盖茨记住"想自己，也想别人；公民姓公，心中有民"。

1	2	8	
3	4	9	
5	6	7	10

复旦大学的教学改革引起全社会的瞩目。1994年《人民日报》连续发表4篇文章，介绍复旦大学的办学理念，这4篇文章分别是《"给青年人更多的机会"——访复旦大学（之一）》（1994年12月17日头版头条）、《"首先是教学生怎样做人"——访复旦大学（之二）》（1994年12月20日）、《营造产生大师的"土壤"——访复旦大学（之三）》（1994年12月21日）、《"事业发展了，才能提供更多的机会"——访复旦大学（之四）》（1994年12月26日）。复旦大学成为中国高校改革的一面旗帜。

复旦大学有着悠久的历史、深厚的文化底蕴和强烈的社会责任感。作为综合性大学，文理科齐头并进，开展通识教育有着先天的优势。通识教育适应时代的发展。很多复旦毕业生在毕业多年后都将自己的成功归功于杨福家校长超前的教育理念。"我在大一的时候有些'不务正业'，旁听了不少文科的课程，参加了很多社团的工作，还曾经担任了一届复旦文学社的副社长。毕竟人生是一个需要思考的哲学问题，复旦的环境使人能够从多方面学习和思考，从而建立自己的人生观和世界观。复旦同时也给予人全方位锻炼的机会，专业知识并不是我在复旦期间的唯一收获，在其他方面的经历也帮助我更容易取得成功。""进入复旦大学是起点，而不是终点，本科学习阶段是人生观、世界观、价值观形成的最重要阶段，是未来职业生涯定位的初步阶段，学习不要局限于书本或课堂，要博学。杨福家校长曾说'本科培养的是通才，而不是专才'，本科的学习是使学生形成自己的人生哲学，掌握学习方法、思考方法和解决问题的能力，成为一专多能或者多专多能的人。"①

杨福家倡导的教学改革，给复旦大学留下一笔宝贵的财富。有学者说，在复旦大学的本科教育历史上，有两个举措很重要：一是20世纪80年代谢希德校长提出的文理交叉和"三个提高"、"四个环节"；二是1993年开展的教育思想大讨论，从课程体系改革入手，实施"通才教育，按类教学"。到目前为止，课程体系改革一直在按照这个思路进行。②

$\dfrac{\dfrac{1}{2}}{3}$

❶ 1997年11月6日，杨福家校长主持李政道"科学与艺术"报告会。
❷ 1997年11月6日，李政道在"科学与艺术"报告会上演讲。
❸ 1998年8月23日，杨福家校长与来复旦大学演讲的诺贝尔物理学奖获得者朱棣文教授会谈。

---

① 曾冬琳、丛莹《厚积薄发，体会自然科学奥秘！——生命科学学院校友风采》，复旦大学校友会微信公众号，2018年12月10日。
② 孙莱祥《复旦大学本科教学改革》，载于中共上海市教育卫生工作委员会党史办公室《上海教育卫生改革创新亲历记 1992—2002》，上海浦江教育出版社2014年版，第266页。

四、推进开放办学

坚持开门办学、开放办学是杨福家办学思想的一个重要方面。他认为在知识经济时代培养创新人才，必须强调与社会结合，把坚持学习书本知识与投身社会实践统一起来。他坚决反对关起大门、自我封闭，主张拆除一切围墙、篱笆，打开校门，推动校地合作、校企合作，服务地方经济发展；强化校院（中国科学院）合作、校际合作，形成科研和育人的协同、规模效应，让学校和社会息息相通，跟上时代步伐，与时代同步前进。

杨福家一直主张一流的城市一定要有一流的大学。[①]一个城市要想成为国际化的大都市，就必须拥有一流的大学作为后盾，大学带给一座城市的不应该仅仅是物质上、经济上的飞跃，还包含精神文明、文化修养的提升。1993年3月，他向国家教委主任朱开轩提出，复旦大学应由国家教委与上海市共建。1994年4月，国家教委与上海市政府签署协议，共同建设复旦大学，从此开创共建先河。这是复旦大学发展史上的一个里程碑。"共建"把复旦大学的发展与上海的发展紧密联系到一起，让复旦大学伴随着上海的腾飞而腾飞。"服务上海，发展复旦"，很快就成为学校事业发展的道路和全校干部群众的共识。

1 / 2

❶ 1993年11月9日，由中国科协、国家科委、中科院和上海市科协联合主办的"93高技术产业、产品发展国际研讨会"在上海科学会堂举行。来自中、美、日等国家和地区的130余位专家参加了会议。上海市科协主席杨福家陪同市委副书记陈至立（右）在会前会见出席会议的美国前总统里根的科技顾问基沃斯博士（左）。

❷ 1998年，上海市委书记黄菊看望复旦大学教师和学生，杨福家校长迎接。

---

① 杨福家《一流城市　一流教育》，《上海科技报》1994年9月10日。

杨福家校长说："一所大学，特别是研究型大学，必须把为经济服务作为它的一个非常重要的任务。"从历史上看，一流大学都是这样做的。早在1862年，美国就通过一项法律，向大学赠送土地。许多大学用政府赠送的土地来发展农业，致力于农业研究，最终促成美国农业生产力迅速提高。一所大学，特别是重点大学，如果不能对国家的经济发展产生积极的作用，那么这所大学是很失职的。①

杨福家担任复旦大学校长，正值上海浦东开发开放的启动阶段。1992年10月，国务院批复设立上海市浦东新区，浦东成为中国改革开放的前沿阵地。复旦大学全面参与浦东的开发与建设。1994年5月，复旦大学和浦东新区管委会签订协议，决定建立"复旦大学浦东园区"；并建设复旦书院，作为新区综合教育及培训基地，以发挥复旦大学在人才培养和教育方面的优势；复旦大学还利用它在生物、计算机方面的优势，在浦东建设生物技术开发中心和计算机、机电一体化等产业实体。1995年3月，由复旦大学、浦东新区和机械工业部中工机电发展总公司三方联手共建的复旦大学浦东园区进入实质性启动阶段。位于金桥6号地块的复旦大学浦东园区由复旦书院、高科技楼和教研服务中心楼3个部分组成。复旦书院建成后为浦东新区开展大学专科、大学本科、硕士及博士等各个层次的学历或学位教育提供服务，合格者由复旦大学授予学历或学位证书。高科技楼建成后成为高新技术产品从中试走向产业化的孵化基地。教研服务中心楼是一幢智能型大厦，设有商务套间、商务中心、金融机构、多功能会议厅等。

复旦大学产学研紧密结合，充分发挥学校的科技和人才优势，重点培育微电子、计算机软件、生物医学、新材料和环境工程等高新技术产业领域，大批企业得到孕育和发展。复旦复华茁壮成长，1993年完成改制并成功上市，分公司包括海外公司纷纷成立，还在嘉定创建了占地千亩的国家级高科技园区，成为和北大方正、清华同方、清华紫光、交大昂立等并驾齐驱的中国高校产业的"领头雁"。此外，复旦金仕达（在1995年）、上海开元信息开发有限公司、复旦网络工程有限公司、复旦张江生物医药有限公司、上海复旦企业发展有限公司（以上在1996年）、上海复旦申花纯净水有限公司、上海光华信息系统有限公司、上海太阳神复旦高科技产业有限公司（以上在1997年）、复旦微电子股份有限公司、复旦天翼计算机有限公司（以上在1998年）等著名校办高科技企业先后成立并迅速崛起。学校还积极探索校企合作办学的新型体制和机制，促生了不少校企合作的成功案例，其中最引人瞩目的是新黄浦集团和复旦的战略结盟。1998年2月新黄浦集团出资1亿元人民币支持复旦大学生命科学学院的人类基因研究。3月，该集团又盘出300多套价值1.2亿元的高档现房给复旦大学用于解决科研人员的住房困难，在国内首创企业以现房与高校科研成果"期货"互换。5月，双方再次携手推动合作研究，宣布人类基因研究取得阶段性重要成果。在此期间，新黄浦共投资2.2亿元。关于双方的这次合作，杨福家校长认为："此次合作，实现的是生产要素之间的交换。房子是一种资本的观点早已被世人所接受，但知识是一种资本的观点却未被普遍接受，新黄浦拿房子现货来换复旦的知识'期货'，这种'实'与'虚'的交换，精彩之笔是新黄浦预先承认知识也是一种资本，并且帮助复旦实现这种知识的价值，尔后双方利益共享。这是一种真正意义上的双赢。""基因研究是项基础性很强的研究，需要极大量资金的投入。在目前我国国力情况下，新黄浦投资与我校合作无疑在科研体制改革、观念创新上具有重要意义。"

❶ 杨福家校长在复旦大学浦东园区奠基典礼上讲话，他富有激情地说，复旦大学有责任在浦东的发展中发挥作用。"第一，进行高技术产业开发，国际上任何高技术产业都离不开高等学校，因此，我们有责任在浦东的发展中发挥我们的作用。第二，建立复旦书院，为浦东的发展培养各方面的人才，贡献我们的力量。第三，建立一个东上海复旦咨询公司，从科技、金融、经贸、投资等各方面来开展咨询的业务。"

❷ 复旦大学浦东园区奠基典礼上，校长杨福家与浦东新区管委会副主任胡炜亲切交谈

❸ 1994年11月16日，上海应用物理研究中心科技通讯网正式开通仪式在复旦大学举行。上海市委副书记陈至立作为该网络的一名用户，在复旦大学校长杨福家陪同下，参观了设在光学楼的网络站。
设在复旦大学的这一科技网络站，在国家科委、教委、国家基金委和上海市科委的关心、支持和资助下，1994年6月与北京高能所"以太网"接通，并联上Internet网，为用户开通了方便迅捷的E-mail（即"电子邮件"）服务。到正式开通时，这一网络站已通过电话线为上海地区20多个高校、研究所等单位的近200个用户实现了计算机的国际联网。它的建立在国内外引起热烈反响，受到国内外友人和科技教育界专家学者的广泛好评。作为实现信息高速公路的起步阶段，科技通讯网不断发展用户，让"电子邮件"为更多的科技、教育工作者服务。（摘自《文汇报》，1994年11月17日）

❹❺ 校局共建通信信息工程。复旦大学与上海市邮电管理局签订协议，共同建设信息工程。上海市邮电管理局局长程锡元和复旦大学校长杨福家出席仪式。根据协议，市邮电管理局将在为复旦大学改造电话网的同时，协助复旦大学建设校园高速计算机网络，并借助学校高科技优势来实现上海信息港计划。邮电部门将把DDN交换节点直接安装在复旦大学，还将提供155兆以上的ATM信道和交换设备等。双方还决定合作建立"通信和计算机实验室"。（摘自《解放日报》，1995年12月23日）

---
① 汪大勇、袁新文《高等教育跨世纪的走向》，《光明日报》1996年11月19日。

第六章 担任复旦校长

为了支持上海新兴产业的发展，促进物理学与其他学科领域的交叉和融合，在国家科委的指导下，杨福家推动上海市科委牵头，联合在沪6所高校（复旦大学、上海交通大学、同济大学、华东师范大学、上海第二医科大学、上海大学）和6个研究所（中科院在沪的技术物理所、原子核所、光机所、生理所、冶金所、硅酸盐所）的科研力量，组建了上海应用物理研究中心。1994年7月8日，上海应用物理研究中心在复旦大学正式挂牌成立。这是我国第一个旨在促进物理学与其他学科领域的交叉、渗透和融合，注重应用物理研究，培养一批不受传统研究模式束缚的新型研究人才的国家级研究中心。国家科委副主任惠永正和上海市副市长徐匡迪为上海应用物理研究中心揭牌。这是高校科研力量和科研院所科研力量大联合的崭新尝试。上海市科委主任华裕达任该中心理事长，杨福家任中心主任。

1994年11月2日，复旦大学与上海第二医科大学合办的遗传及医学科学中心在复旦大学揭牌。著名遗传学家谈家桢院士发来贺信。王一飞教授任中心主任。这个中心按照世界一流大学哈佛大学和麻省理工学院的合作模式，既是研究中心，又是教学中心，培养既有医学博士又有理学博士双学位的高级人才。它将围绕医学遗传学、肿瘤生物学、免疫生物学、发育生物学及生物医学工程等领域的重大课题，充分运用遗传学和分子生物学的最新成就，进行高水平的前沿研究，还将培养具有医学和理学双硕士或双博士学位的高层次专门人才。

遗传及医学科学中心依托两校15个实验室，打破原有体制和学科上的界限，加强遗传学与医学有关学科之间的结合与渗透，采用联合、开放、流动的运行模式，共同进行科学研究、人才培养和医疗服务，取得一批高水平的研究成果。该中心所承担的"细胞因子与骨质疏松症的研究"等4项跨学科重大课题得到市教委、市科委立项资助。上海第二医科大学陈竺等研究人员在发现一个锌指蛋白基因、实现我国致病基因零的突破后，又发现3个与人类白血病有关的新基因，并研究了它们的结构和功能。陈竺还与复旦大学合作，组织上海地区多家医院的临床力量，在研究中国人多基因病发病机制及防治（包括代谢性心血管病，如高血压、糖尿病等）方面取得突破性成果。复旦大学遗传所毛裕民教授在基因诊断耐热逆转录酶研究方面也有新的突破，可用于对丙型肝炎病毒的基因诊断。中心还通过互聘教授，开设前沿学科的课程与实验培养等形式，进一步加强两校间的教学合作。

❶ 1993年，复旦大学成立以李政道冠名的物理学综合实验室。
❷ 1996年，复旦大学校长杨福家在遗传工程国家重点实验室评估会上讲话。

开放办学的一个重大举措是与上海4所著名的医科大学联合办学。1996年6月20日,上海第二医科大学校长薛纯良、上海中医药大学校长施杞、第二军医大学校长王庆舜、上海医科大学校长姚泰聚首复旦大学,他们分别与复旦大学校长杨福家签署了联合培养七年制医学专业学生的协议书。这是上述5所高校为了加强七年制医学专业学生的理科基础和社会科学理论的教学,理医结合培养"复合型"高级医学人才而推出的一项重要改革举措。根据协议规定,从1996年起,4所医科大学大部分专业的200多名新生入学后,将先在复旦大学接受一至两年的基础课程教育。同时,复旦大学临床医学专业学生第三到第五学年的全部医学课程以及第二、第六学年部分课程的教学任务,将由第二军医大学承担。联合培养的学生毕业后,其毕业证书将由复旦大学和第二军医大学两校共同签章。

1	2
3	4

❶ 1996年,杨福家校长与上海第二医科大学薛纯良校长在联合培养七年制医学专业学生协议书签字仪式上。
❷ 1996年,杨福家校长与上海第二军医大学王庆舜校长在联合培养七年制医学专业学生协议书签字仪式上。
❸ 1996年,杨福家校长与上海中医药大学施杞校长在联合培养七年制医学专业学生协议书签字仪式上。
❹ 1996年,杨福家校长与上海医科大学姚泰校长在联合培养七年制医学专业学生协议书签字仪式上。

除了上海本地大学外,复旦大学还积极谋求与香港的一流大学合作。早在1995年,复旦大学就设立了香港大学联络处,它是全国首家由香港高校在内地高校设立的联络处。1997年,复旦大学开办了香港著名大学介绍展览。1997年香港回归之后,又成立了"沪港管理教育与研究中心"。

五、改革管理体制

杨福家在主政复旦大学期间,坚定推行人事制度、分配制度、校内机构、管理层级多项管理体制改革,积极探索,不断完善,不断进步,使复旦大学走在高校改革的前列。

在人事制度方面,自1994年起复旦大学启动了跨世纪百人青年骨干教师培养工程。在晋升职称方面,既给青年人以机会,又严格要求,坚持较大差额竞争,这在当时被形象地称为"打擂台"。1995年第二次"摆擂台",数学系一位30岁的讲师,博士毕业才3年,5次出席国际学术会议,发表19篇论文,通过"打擂台"直接晋升为正教授。对评上高级职称的年轻人实行3年学科评议组投票考核制度。学校还做了其他4个方面的工作,促进评上教授的教师继续努力工作、不断提高:实施教师职责条例,实行教授3年考核评议(每年普遍考核除外),建立评选杰出教授、首席教授制度,在教授中实行学术假制度。

第六章 担任复旦校长

❶ 1995年11月23日，经国家教委批准，全国首家由香港高校在内地高校设立的联络处——香港大学联络处，在复旦大学揭牌。上海市人大常委会副主任谈家桢、复旦大学校长杨福家、香港大学校长王赓武等人出席揭牌仪式。该联络处设立后的第一个工作项目，是在第二年暑假组织香港大学数十名不同系科的本科生到复旦大学进行为期1个月的新闻学课程短期进修培训。当天，复旦大学还举行仪式，授予香港大学校长、历史学家王赓武博士为复旦大学名誉教授。图为杨福家与王赓武在"香港大学设立复旦大学联络处意向书"上签字。

❷ 杨福家与王赓武共同为香港大学联络处揭牌。

❸ 谈家桢（中）、王赓武（右）、杨福家在香港大学联络处门口合影。

❹ 1997年，杨福家为香港著名大学介绍展开幕剪彩。

❺ 1997年，杨福家与参观香港著名大学介绍展的学生亲切交谈。

❻ 1998年9月19日，复旦大学与香港大学合作设立的"沪港管理教育与研究中心"揭牌仪式以及两校合作举办的工商管理硕士项目第一期开学典礼在复旦大学李达三楼举行。上海市副市长周慕尧、香港特别行政区政府教育统筹委员会主席梁锦松、复旦大学校长杨福家等出席仪式。

❼ 1994年杨福家会见记者。杨福家说："社会主义市场经济建设，给我们办学带来许多新情况、新问题，要解决这些问题，归根结底，要靠改革。今后5年，我们将以深化改革来推动学校各项事业发展，大力加强和改善党的领导，以保障学校事业顺利发展。"（摘自姜乃强《复旦大学校长杨福家：让复旦的事业"九五"再上新台阶》，《中国教育报》，1996年1月16日）

❽ 1994年12月17日，《人民日报》头版头条刊发报道《"给青年人更多的机会"——访复旦大学（之一）》。

1995年，复旦大学设立评选杰出教授、首席教授制度，前后共评选三批22名首席教授、3名杰出教授。每个一级学科设1名首席教授，有4个博士点的一级学科可设2名；首席教授手下要有40岁左右的学术接班人和骨干；首席教授实行任期制，两年评选一次，评上后任期两年，可以连续评审当选，亦可评选新人当选，不搞终身制。通过这些措施，保证了首席教授制度的实行能推动教学、科研工作的开展。

在杨福家的领导下，复旦大学积极探索与高校教学、科研、产业发展相适应，符合人才成长规律的现代人事管理方式。学校除加大招聘国内外的优秀人才外，还注意校内人才市场的开发，加大校内人才市场对人才资源优化配置的力度，打通各院、系、所、学科、专业之间人才的交流、配置的通道，适应国家对高校学科目录、专业目录的调整的需要，适应教学改革、科研体制改革的力度。从1998年开始，逐步在校内开辟校内人才市场，鼓励各院系在校刊或布告栏刊登招聘、纳贤启事。

与人事制度密切联系的是分配制度的改革。在尚未实行全员聘用合同制的情况下，复旦大学尽可能给予真正在教学、科研岗位上的骨干教师以优酬。从1994年起实行校内特殊岗位津贴，给予主讲本科生重要基础课、研究生一级学科学位基础课的教授，给予国家"863"计划、"九五"攻关、国防军工等近10类重要项目主管人，以及已为学校教学、科研做出贡献，获得省市级以上奖项的负责人以校内特殊岗位津贴。

杨福家在学校管理层级的重组和调整方面也迈出艰难的一步。杨福家认为，由于改革开放后经济和技术不断发展，大学规模不断扩大，新兴学科发展迅猛，学科交叉和渗透层出不穷，所以实行校院（系）两级管理，已成为中国综合性、研究型大学发展的必然的趋势和方向。复旦大学在1980年代就开启这项改革，并先后成立了技术科学学院（1984年），管理学院、经济学院（1985年），生命科学学院、新闻学院（1986年），文物与博物馆学系（1989年）。但这些学院或依托新学科，或将老系升格，其成立大多顺势而为，可谓"应运而生"。杨福家则考虑将相近学科的不同系进行整合建院，推动新一轮的管理体制改革——"三级体制、两级管理"，即"校、院、系"三级体制和"校、院"两级管理。学校、学院为管理的"实体"，系是只管教学和科研的"虚体"。这项改革步伐更大，当然所遇到的阻力也更大。

❶ 1996年，杨福家在复旦大学91周年校庆大会上向有关教师代表颁发获奖证书。
❷ 1995年，杨福家校长出席复旦大学经济学院成立10周年庆祝仪式。

杨福家校长请王沪宁教授负责，按"法学"一级学科，整合国际政治系、法律系、社会学系和人口研究所，筹建新的法学院，并为其他新学院的组建工作积累经验、做出典范。1994年5月27日，复旦大学法学院正式成立，王沪宁担任院长，张霭珠担任院党总支书记兼任副院长，负责常务工作；各个系（所）都有一名领导担任副院长。同日成立的还有复旦大学人文学院，包括中文、外文、历史、哲学4个系，由历史系姜义华教授任院长。此后两个学院之后还分别举行了挂牌仪式。

王沪宁为法学院的筹备做出巨大贡献。法学院成立后，他多次召开课题组会议和院务会议，为确定法学院的立院方针、办院原则和未来发展规划付出很多心血。[①]他此时已经开始担任上海市政府咨询专家，不久又借调到中央政策研究室。由于缺乏强有力的领导，新学院的各项工作没能继续开展下去，形成院"虚"系"实"的局面。2000年后，管理体制又回到按二级学科建院的思路，"大法学院"分解为法学院、国际关系与公共事务学院、社会发展与公共政策学院。"大法学院"是改革过程中的一次尝试。[②]

人文学院的情况也差不多。院长姜义华说："1994年杨福家担任学校校长，我被任命为包括中文、外文、哲学、历史、文博等几个系和研究所在内的人文学院院长，副院长是中文系的陈思和、哲学系的吴晓明、外文系的徐龙顺，这个班子一直保持到2007年人文学院被撤销。人文学院，可能是各大学中第一家以这一名义组建。当时，杨福家校长想将学校几十个院系改组为几个大的学院，人文学院是个试点。"但人文学院也是"虚体"，实际权力仍在所属各个系所。"杨福家从校长位子上退下来之后，原先一个法学院分成了3个学院，人文学院便更形同虚设。"

适当地集中相近学科在"院"，有利于学科群的建设，有利于学生的"通才"教育和素质教育，也加强了科研的拓展与交叉。王沪宁曾写道："只有搞小系大学院，系主任的主要精力是抓教学、科研和管理。让复杂的人事关系简单起来。人事关系的简单化，有时要靠组织建设来完成。人事关系，要简单、简单、再简单。这样才能解放生产力。"[③]"小系大学院"是高校理顺机制、创新体制、提高办学质量值得探索的模式。

为了加快学校发展，适应改革开放的形势，杨福家还在学校管理机构的健全和完善方面投入大量精力。1995年5月27日，在复旦大学90周年的校庆仪式上，杨福家宣布复旦大学校董会正式成立。诺贝尔物理学奖获得者、复旦大学名誉教授李政道博士任校董会名誉主席，谢希德教授等5位海内外专家任顾问，王生洪等10位各行各业领导任名誉校董，陈香梅等51人为校董。

国外大学的董事会一般都是大学的最高决策与最高权力机构，其成员大多由校外非教育、非学术人员担任，有权聘任和解聘校长，校长受制于董事会的领导。在中华人民共和国成立前，中国大学的组织形式一般是董事会、教授会和评议会3个部分，积累了相当丰富的现实经验。复旦大学是国内较早恢复成立董事会的大学。由于办学性质决定，董事会只能是根据学校发展需要而成立的社会参与学校合作办学的组织，负责筹集资金支持学校办学和发展，对学校重大问题的决策给予咨询、评议、审议或指导。但是，董事会的建立适应了时代发展要求，为搭建合理的大学治理结构、实现有效治理、建立合理的现代大学制度，迈出了坚实的第一步。"我们并不缺乏办好大学的理念，而是缺乏把理念贯彻为行动的制度安排。建立中国特色的董事会制度，正视全新的大学管理理念，将有力地推动大学的国际化进程。"[④]

1996年9月，复旦大学发展与研究委员会成立，杨福家兼任主任。杨福家认为，近年来尽管国家逐年增加对教育的投入，但与学校的实际支出相比，还有很大差距。对学校来说，没有钱许多事就不能办。专门成立这个委员会，就是要充分利用国内外一切可以利用的人力、物力资源，制订筹款计划、筹集资金、吸引智力，为发展复旦大学服务。他指出，随着市场经济的发展，高等教育要改变办学体制条块分割，教育资源缺乏有效配置、低水平重复，办学效益低下等现象。复旦大学发展与研究委员会以规划研究学校发展战略、扩大和提高学校影响和地位为主要任务，在积极联络海内外复旦校友、广泛利用一切社会资源为学校发展服务方面，发挥积极的作用。2001年4月，复旦大学发展与研究委员会办公室改制为对外联络与发展处。

---

① 王沪宁《政治的人生》，上海人民出版社1995年版，第175、192、198、206、208页等。
② 童子益《我的国政系岁月——张霭珠老师访谈录》，载于本书编写组《国务学脉——复旦大学国际关系与公共事务学院老教师访谈口述史》，复旦大学出版社2015年版，第157-175页。
③ 王沪宁《政治的人生》，上海人民出版社1995年版，第65页。
④ 苏晓轶《中国特色的公立大学董事会探讨》，载于窦衍瑞《现代大学制度研究》，山东大学出版社2016年版，第160页。

❶ 杨福家校长和李政道博士为复旦大学校董会揭幕。

❷ 1995年,名誉校长苏步青、李政道博士、杨福家校长在复旦大学90周年校庆时合影留念。

❸ 李达三(1921—)为复旦大学会计系(重庆北碚)1945届毕业生,1988年他提议恢复复旦大学会计学系(原会计学系于1952年院系调整时并入他校)。他和杨福家都是宁波人,有很深的交情。杨福家担任校长期间,他捐建了有10层楼的"李达三楼",1995年落成,作为复旦大学管理学院大楼。1997年杨福家到香港访问,谈到教育部检查时,由于复旦大学当时没有学生活动中心,产生一些负面影响,李达三的夫人、同是复旦校友的叶耀珍[①]立即决定以自己的名义捐款300万元人民币,建造复旦大学学生活动中心。李达三全力支持,杨福家亲自选址,学生活动中心与"李达三楼"遥相对应,仅隔一条邯郸路,并且被命名为"叶耀珍楼"。两座大楼隔路相望,形象地体现了夫唱妇随、伉俪同心,在复旦传为佳话。为了母校的发展,李达三夫妇多次慷慨解囊,创下多项捐助纪录。2015年5月,李达三夫妇向复旦大学捐款1.1亿元,设立"李达三叶耀珍管理教育发展基金",成为庆贺母校110周年校庆最隆重的贺礼。这是复旦大学历史上收到的最大单笔捐赠及一次性到账捐赠。2017年,复旦商科教育创立100周年,李达三、叶耀珍伉俪再次捐赠1亿元人民币,支持母校加速发展,向世界一流大学的目标迈进。

❹ 1995年杨福家与美国著名华侨领袖、校董陈香梅女士合影。陈香梅(1925—2018),美国抗战英雄、飞虎队司令陈纳德将军的夫人,一生充满传奇色彩。她凭自己的才干,成为白宫肯尼迪、尼克松、福特、卡特、里根、老布什、克林顿、小布什8任总统的亲密朋友,为沟通中美关系和海峡两岸交流做出重要贡献。2015年,她应邀赴京参加抗日战争70周年的阅兵式,接受习近平主席颁发的抗日纪念章。这也是她最后一次回到祖国。

❺ 1996年,复旦大学校长杨福家在第二次校董全体会议上讲话。

❻ 1997年,复旦大学校董会第三次全体会议召开,杨福家校长为陆宗霖先生颁发校董聘书。

❼ 在1997年复旦大学校董会第三次全体会议上,杨福家校长为梁钦荣先生颁发校董聘书。

❽ 在1997年复旦大学校董会第三次全体会议上,杨福家校长为蔡冠深先生颁发校董聘书。

	3	6
1	4	7
2	5	8

[①] 叶耀珍的母校是震旦女子文理学院,她所就读的经济系在1952年全国高校院系调整时随震旦大学并入复旦大学。

第六章 担任复旦校长

❶ 2000年3月30日,(左起)林辉实、袁天凡、李达三、杨福家、郑耀宗(中科院院士,时任香港大学校长,原香港城市大学校长)、陈曾焘合影,摄于香港。

❷ 2007年,杨福家校董在复旦大学第四届董事会第一次会议上发言。

❸ 2018年9月6日,杨福家在复旦大学第六届董事会第四次会议上发言,右为许宁生校长。

复旦大学是一所多学科、综合性的全国重点大学,杨福家所推行的内部管理体制改革,为探索构建现代大学制度进行了有益的尝试。

六、开拓民间外交

习近平总书记曾强调指出:"民间外交要开拓创新,多领域、多渠道、多层次开展民间对外友好交流,广交朋友、广结善缘。"①民间外交是官方外交有益的补充,有时甚至能起到政府外交起不到的作用。民间外交能以其独特的方式为发展国家关系开辟道路。②杨福家的朋友、美国前国防部长威廉·J. 佩里(William J. Perry)在他的著作《我在核战争边缘的历程》(My Journey at the Nuclear Brink)中也强调了民间外交的重要性。他把政府官员间的外交活动称作"一轨外交"(track 1 diplomacy),而科学家和学者间的国际交流是"二轨外交"(track 2 diplomacy),第二轨道可以对第一轨道起到弥补作用,能发现政府官员有可能随后跟进的新途径。③正式和非正式外交并举,能够更容易实现外交目的。

杨福家在担任复旦大学校长期间所积极从事的民间外交活动,对改善当时我国的外交环境具有一定的历史意义。

1993年初,杨福家接任复旦大学校长,正值1989年政治风波平息后中美关系陷入"冰冻期"。以美国为首的西方国家掀起一股反华浪潮,纷纷对中国实施制裁,暂停政府间官员接触,中国外交陷入困顿之中。从1995年开始,中国台湾地区政局动荡,1996年美国悍然将"尼米兹号"和"独立号"两大航空母舰战斗群调往台湾海峡,意欲干涉中国内政,第三次台海危机爆发。④这一时期以杨福家为代表的民间外交的活跃,成为中国外交的一个重要特色。这也为中国冲破外交困境、重返国际舞台做出卓越的贡献。

杨福家任复旦大学校长后积极开展与美国的交流活动。他利用在美国访问的机会,与美国各界要人尤其是政界要人密切接触。在他的斡旋和努力下,美国很多著名学者、企业家和政府官员都来到复旦大学。1997年3月27日,美国国会议员兼军事研究和发展小组委员会主席、国家安全及环境委员会成员韦尔顿(Curt Weldon)应邀在复旦大学美国研究中心发表题为"迈向中美关系的新纪元"的演讲。其后,1998年6月30日,美国民主党参议员、陪同克林顿总统来上海访问的马克斯·鲍柯斯作了题为"建设21世纪中美关系的重要议题"的演讲。美国北卡罗来纳州州长亨特和美国前总统里根的科技顾问基沃斯也先后来到复旦演讲。

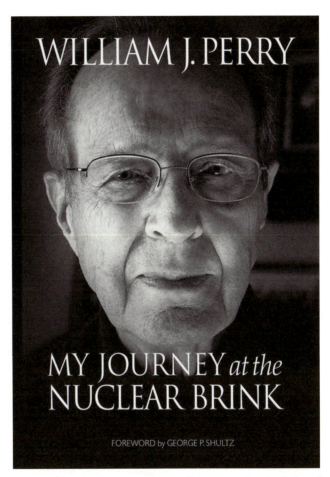

● 美国前国防部长佩里的著作《我在核战争边缘的历程》封面。

---

① 习近平《在中国国际友好大会暨中国人民对外友好协会成立60周年纪念活动上的讲话》,2014年5月15日。
② 民间外交是在政府的领导、支持或鼓励下,主要由民众和民间机构发起和参与的国际交往活动。(陈志敏等《当代外交学》,北京大学出版社2008年版,第310页。)
③ I also became active in an important and growing form of diplomacy called Track 2, a nongovernmental international diplomacy complementing Track 1 diplomacy pursued by government officials. During the 1980s and the first three years of the 1990s, I journeyed to Russia nearly every year with a Stanford delegation to meet with Russian scientists and academicians. The purpose of Track 2 meetings was to branch out beyond official positions in hope of finding new paths government officials might later follow, a goal sometimes more readily achieved through a mix of informal and formal diplomacy. Such groundwork is not only important to the effectiveness of overall diplomacy, but in the context of the suspicious atmosphere of the Cold War, one of the few meaningful dialogues going on. (William J. Perry, My Journey at the Nuclear Brink. Stanford, California: Stanford University Press, 2015, 65)
④ 前两次台海危机分别发生于1954年和1958年。

授予 WALTER GIBSON 博 复旦大学名誉教授称号

1	4	7	8
2	5	9	10
3	6		

❶ 1993年8月6日，杨福家夫妇和美国国会议员巴顿（Joe Barton）摄于华盛顿。

❷ 1994年6月28日，复旦大学授予美国纽约州立大学沃尔特·吉布森教授复旦大学名誉教授称号。

❸ 1996年2月8日，杨福家和彭秀玲在耶鲁大学看望老朋友布朗姆雷（Allan Bromley）教授。布朗姆雷是原布什总统科学顾问，耶鲁大学核物理学家、工学院院长。

❹ 1997年2月5日，杨福家夫妇和美国国会议员韦尔顿（Curt Weldon）摄于华盛顿。

❺ 1997年2月6日，杨福家和美国参议院参议员卢珈（Richard G. Lugar，左三）摄于华盛顿。

❻ 1998年1月20日，美国在线－时代华纳总裁杰拉德·列文（Gerald M. Levin）在复旦大学演讲。

❼ 1998年6月30日，杨福家校长主持"林肯讲坛"，欢迎马克斯·鲍柯斯（Max Baucus）演讲。

❽ 1998年，杨福家校长在美国太平洋舰队司令普理赫（Joseph W. Prueher）访问复旦大学的讲座上讲话。普理赫自1999年至2001年担任美国驻华大使。

❾ 杨福家校长与基沃斯出席"数字经济的本质"讲座。

❿ 1998年，杨福家校长在"数字经济的本质"讲座上讲话。

第六章 担任复旦校长

在杨福家担任校长期间，复旦大学的国际影响日益扩大，外国政要纷纷来复旦大学访问。以色列总理拉宾、挪威首相布伦特兰、美国国务卿克里斯托弗、比利时副首相迈斯塔特、印度副总统纳拉亚南、阿塞拜疆国民议会主席阿列斯克罗夫、韩国著名政治家金大中等都相继访问复旦大学。时任中国驻美大使、职业外交家李道豫（2019年获颁"外交工作杰出贡献者"国家荣誉称号）曾多次赞扬复旦大学在开展外交方面起到的独特作用。

❶❷ 1993年10月14日，以色列总理拉宾来复旦大学演讲。

❸ 1996年11月21日，杨福家在"美国与中国：二十一世纪的合作"论坛上发言。主席台左一为美国国务卿克里斯托弗。

❶ 1994年，亚洲亚太和平财团金大中先生访问复旦大学，杨福家为金大中佩戴校徽。
❷ 1994年，杨福家与印度副总统纳拉亚南亲切交谈。
❸ 1995年，在复旦大学90周年校庆午餐会上，法国里昂第一大学副校长与杨福家举杯共庆。
❹ 1996年，杨福家和日本NTT公司藤田史郎会长出席"首届复旦大学-NTT DATA合作指导委员会全会"。

第六章 担任复旦校长

❶ 1996年2月2日，杨福家与李道豫大使（右三）、何晋秋公使（右二）合影留念。何晋秋（1935—　），曾任中国驻美国旧金山总领馆教育参赞（1988—1989年），国家教委留学生司、外事司司长（1989—1994年），中国驻美大使馆公使衔参赞（1994—1996年），后到清华大学任教。

❷ 1996年10月2日，杨福家和李道豫大使合影。

❸ 1997年，杨福家校长授予李道豫大使复旦大学美国研究中心顾问证书。

❹ 1998年，杨福家与日本文化大臣町村信孝会谈。

"复旦必须面向世界！"在杨福家的领导下，复旦大学成为中国开展国际交流与合作非常活跃的大学之一，与世界上众多一流大学和高水平科研机构建立了紧密的协作关系。杨福家说："21世纪教育的特点之一是国际化、全球化，在帮助别人的同时发展自己，这就是双方得益的原则（"You win-I win"）。"①自1995年以来，复旦大学相继建立复旦-北欧研究中心和欧洲-中国管理中心，除了对北欧、欧洲作战略、文化的研究外，还有两个目的：一是培训双方需要的高级管理人才；二是通过工业界与大学的密切交往，面向社会需求，共同开展研究工作，特别是科技开发和科技的社会推广工作，使大学更好地为经济服务，携手应对各种全球性的挑战，适应错综复杂、不断发展变化的世界。

"中国的高等学校应该成为世界大学生向往的地方！"杨福家为复旦大学的国际化方向树立了明确的奋斗目标。②他鼓励教师多用英语开课，以吸引外国青年来复旦大学留学。在他的努力下，复旦大学与北京大学、清华大学、中国科技大学、香港大学、香港科技大学一起加入"太平洋地区大学校长协会"和"21世纪大学协会"，与近50所世界名校互相承认学分、承认学位。参加复旦-北欧研究中心的14所大学（如哥本哈根大学、奥斯陆大学、赫尔辛基大学等）也与复旦大学互相承认学分、学位。法国里昂第一大学、美国马萨诸塞大学都决定在与复旦大学签订的合作书中补上"互相承认学分、学位"这一条款。美国康涅狄格大学与复旦大学签订的合作书中也包括这一条款。复旦大学正以开放的胸襟拥抱来自世界各地的大学生。

伴随着经济全球化，高等教育的国际化必然是大势所趋。在这一形势下，杨福家提出必须重视校友会的建设。复旦大学要走向国际化，大批复旦学子必然会走出国境，在世界各地奋斗，为复旦、为祖国争光。但他们也必然会遇到各种困难，所以校友会应该成为"复旦人之家"，得到当地友好人士支持的校友会能更方便、更有力地发挥作用。复旦校友会应帮助所在国的人民更好地了解复旦大学，吸引更多的留学生到复旦大学来学习，吸引更多的名人到复旦大学来访问，帮助在外的复旦人解决实际困难，以及在国外企业界、研究所与复旦大学之间架起桥梁等方面都会起到独特的作用，在复旦大学迈向国际一流目标过程中，成为出色的、复旦驻外的"使领馆"。③

❶ 1995年11月8日，挪威首相（后任世界卫生组织总干事）布伦特兰访问复旦大学。
❷ 1995年，杨福家在北欧研究中心成立仪式上向挪威首相布伦特兰介绍复旦大学的情况。

1 | 2

---

① 杨福家《促进工业界与大学的合作——访欧12天》，《上海外事》1997年第12期。
② 杨福家《高等教育走向国际化》，《复旦》1998年10月30日。
③ 杨福家《校友会：大学驻外的使领馆——迈向国际化的又一步》，《复旦》1998年12月7日。

1	2
3	4

❶ 1995 年，挪威首相布伦特兰和复旦大学校长杨福家共同为复旦－北欧研究中心揭牌。
❷ 杨福家出席复旦大学 1995 级外国留学生开学典礼。
❸ 1996 年 10 月 12 日，香港校友会成立。
❹ 1998 年，杨福家与加拿大华侨会会长林思齐会谈。

第七章

中英牵手诺丁汉

2000年底，杨福家被英国诺丁汉大学任命为校长，成为中国人担任世界名校校长的第一人。他在英国担任了12年校长，对于如何办好中国大学、发展中国教育有了更加深刻的思考。在中英两国政府和教育人士的支持下，他在自己的故乡宁波创办了第一所中外合作大学。时任浙江省委书记的习近平称赞宁波诺丁汉大学为我国高等教育与国外优质高等教育资源的合作播下了"希望的种子"。

科技的迅猛进步，推动着世界变成名副其实的"地球村"，成为你中有我、我中有你的命运共同体。每个国家、每个民族的命运都紧紧联系在一起，风雨同舟，荣辱与共。和平、发展、合作、共赢成为时代潮流。杨福家推动了中国高等教育的国际交流与合作，为促进人类命运共同体的构建做出了积极的贡献。

一、在英伦情系中国教育

从2001年到2012年，杨福家在英国诺丁汉大学担任了12年的大学校长。对杨福家任职诺丁汉大学校长这件事的意义，杨福家的好友冯达旋教授以一所美国大学校长的身份这样评价：作为得州人和篮球迷，我十分高兴地看到中国的篮球运动员创造了NBA的历史，然而，如果将姚明的成就与杨福家所取得的、打破了近千年的英国高等教育传统的丰功伟绩相比，就相形见绌了！

杨福家初到英国，对知识经济的趋势有了更深刻的体会。他到诺丁汉大学接受荣誉博士学位时，执行校长柯林·坎贝尔热情接待，还把自己的专车提供给杨福家使用。这是一辆日产轿车，在上海街头并不鲜见，但不同的是，这辆车上已经装有先进的导航设备——这个设备上海在好几年后才开始出现。当杨福家告诉司机希望到何处去，司机把目的地输入，导航设备不断发出指令，为司机指路。杨福家为此感叹，工业再发展，汽车还是汽车，造价越来越低、越来越便宜。但加上这个装置，车价就又上去了。这个产品生动地说明了什么是知识化的工业产品。在杨福家担任校长期间，该校物理系彼得·曼斯菲尔德教授获得诺贝尔生理医学奖（当年诺丁汉大学同时有两人获得诺贝尔奖，另一位是获得经济学奖的校友克莱夫·格兰杰教授）。他经过20多年的辛勤劳动，在如何用核磁共振技术拍摄不同结构的图像方面取得关键性的成果，在临床诊断和医学研究方面研制成功有突破性的核磁共振成像仪，使众多患者的生命得到挽救。杨福家一直主张产学研紧密结合。因此，他努力将相关的技术和装备引入国内，提高国内对相关疾病（尤其是女性乳腺癌）的医疗和诊断水平。

● 英国诺丁汉大学校园。

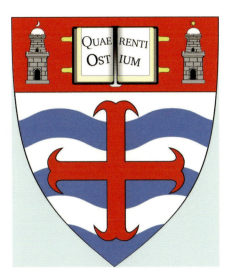

❶ 诺丁汉大学的标志。

❷ 诺丁汉大学的校训"Motto"是"Sapientia Urbs Conditur"（拉丁语），英语解释为"A City is Built on Wisdom"，中文译为"城市建于智慧"，用现代语言解释就是"大学是经济增长的发动机"。

❸ 杨福家到诺丁汉大学接受荣誉博士学位。左为柯林·坎贝尔爵士，右为物理学教授查利斯（Lawrie Challis）。

❹ 2001年7月4日，举办杨福家担任诺丁汉大学校长仪式。

❺ 杨福家头戴标志校长身份的金边帽，前面开道的工作人员肩扛的是象征校长权力的权杖。

❶ 杨福家在诺丁汉大学工作。

❷ 杨福家和英国诺丁汉市市长合影。

❸ 彼得·曼斯菲尔德（Peter Mansfield，1933— ）是诺丁汉大学物理系教授。他经过20多年的辛勤劳动，在如何用核磁共振技术拍摄不同结构的图像方面获得关键性的成果。1976年，他在临床上率先应用核磁共振成像技术对一个人的手指拍摄下成像照片。在此基础上，第一台医用核磁共振成像仪在1980年代初问世，众多患者的生命被拯救，可谓泽被世人！面对荣誉，曼斯菲尔德平静地说："每天我所需要考虑的事情，仅仅就是工作。"

❹ 诺丁汉大学校园中的彼得·曼斯菲尔德爵士磁共振中心。

杨福家到英国后，受到中国留学生的热烈欢迎。留学生们说："杨校长到任，最高兴的莫过于我们这些在诺丁汉大学学习和工作的中国人了。我们为能有这样一位校长而感到自豪，这充分表明，科学无国界，知识无国界，中西方文明和文化的交流是潮流所向。"但杨福家也发现，中国留学生存在一定的素质问题。他发现不少中国学生并不能适应在英国的学习，感觉他们"不太活络"。中国学生从小接受的都是应试教育，习惯于完成教师布置的任务，而不太会主动学习、主动探究，明显缺乏创造性。另外，置身于异国文化中，中国学生也暴露出社会交往能力比较欠缺的弱点。

1	2
3	4
5	6

❶❷ 2006年7月11日，杨福家举办茶话会，与中国留学生座谈。

❸❹❺❻ 杨福家和诺丁汉大学的中国留学生在一起。

杨福家刚到英国感到很自豪，因为他是第一个在英国担任校长、戴上金边帽的中国人，每当他在诺丁汉大学看到中国国旗迎风飘扬的时候，心中的自豪感都会油然而生。但在诺丁汉也有困扰他的事情。他发现中国留学生拿不到信用卡，为什么其他国家的留学生拿得到，而中国留学生拿不到？原来在几年前中国留学生也很容易拿到信用卡，但是一些没有道德、也无视祖国尊严的学生，在信用卡上的一大笔透支欠款没有还清前就离开英国、杳无音信。因为中国留学生屡有不良记录，所以银行从减少信用额度开始，直到最后"一刀切"一律不给。为此，杨福家感到脸红。

杨福家在跟留学生打交道的时候也经常发现他们存在不讲诚信的现象。有一次，一位中国学生来找他，说最近家里遇到一些困难，交不出学费，希望杨福家能帮助他，否则他将会拿不到学位。杨福家一听说，就很愿意帮助这个学生。但是了解后发现，这个学生在来诺丁汉大学之前，在申请书中表示他很有钱，可以把一年的学费一次付清。他来到学校后，果然与众不同，一次性付清了学费。但到了第三个月，他又向学校提出，由于家庭困难，要求把已付学费退回给他，以后按季付款。但学校在退给他以后，从此再也收不到他的学费了。后来经过了解，他家里经济并无困难，而且家里也不知道他已把学费从学校要回去了。

乒乓名将邓亚萍女士退役后在英国诺丁汉大学学习。在校长宴会上，杨福家与邓亚萍第一次见面。后来，邓亚萍陪同杨福家游览了当地的名胜古迹。杨福家问她为什么来到英国，邓亚萍说："国际组织中很少有中国代表，这与中国的地位很不相称，要进入国际组织，单靠拿几个冠军是不够的，还必须有熟练的外语及良好的知识修养。这就是我为什么到国外来学习的理由。"因此杨福家盛赞曾获得18次世界冠军的邓亚萍："多么明确的目标！过去，她为祖国的荣誉拼搏，有行动也有言论，给人们留下十分深刻的印象。现在，在她的心里仍牢记着'振兴中华'4个大字。"

杨福家由衷地体会到，博雅教育应该从孩子抓起，应该让孩子从小就形成"做人第一"的理念。只有把"做人"放在第一位，才能挺起腰板，受到别人的尊敬！

杨福家在诺丁汉大学担任校长，感慨英国的大学处处"以学生为中心"。校长的重要职责之一是出席毕业典礼，向每位学生颁发毕业证书，并说上祝贺的话。诺丁汉大学共有22 000名学生，每年的毕业生至少有四五千人，因此毕业典礼要开9天。杨福家说，这种仪式不仅可以激发学生的荣誉感和责任感，也体现了学校对学生的重视。毕竟，对每个学生来说，这是他们一生中唯一的一次，而且是他们生命中一个极其重要的转折点，应该以一个庄严隆重的仪式让他们终生难忘。杨福家感慨自己从前在复旦大学当校长时对学生不够好，他说："我担任复旦大学校长时，是怎么给学生发学位证书的？一大捆，由学生代表来领回去，我对不起同学啊！"他称自己"并不合格"，"因为是从物理学家转为大学校长，当时对教育真的不是太懂"。所以，他多次撰文呼吁，大学毕业典礼不能走形式，要给学生充分的尊重。

杨福家深刻感到当时中国高等教育的办学理念出现了偏差。当时国内高校收费居高不下，而且年年看涨，不少农村贫困学生接到入学通知书后，因付不出学费而无法去报到。因为要供养大学生，很多贫困家庭四处举债。杨福家在国外报纸上经常读到这样的报道。而当他回到国内，让他触目惊心的是，很多大学在建设一流大学的名义下扩建校园、大兴土木，一幢幢豪华的建筑拔地而起。他不禁质问：我们有什么理由超大规模地扩大我们的校园，这么豪华地建造'标志性'大楼？""大"与"豪华"和一流并无关系。他说美国不是没钱，哈佛基金会有300亿美金，而且不断增值。但这么有钱，哈佛绝不会去建造什么标志性大楼。国外高校中的超高层建筑，只有失败的教训，没有成功的经验。2004年，杨福家的好友杨振宁告诉他，1937年美国匹兹堡大学造了一幢42层的大楼，是被公认为失败的案例。此后美国大学再没有建造超高层建筑的纪录！诺丁汉大学有一幢15层的高楼，建于1964年，因建得太高，布局很不合理。后来时任英国首相撒切尔夫人来校看到后，建议把它拆掉。校方也认识到建造这幢大楼是个错误，但因拆掉它又要花一大笔钱，就只好凑合着使用。杨福家告诉记者："我们的国家经济发展到今天这一步，社会应该鼓励人文关爱的精神，动员更多的人帮助这样的孩子实现读书和改变命运的愿望。"

1	2
3	4

❶ 1999年7月10日，杨福家和邓亚萍合影。当时诺丁汉大学的中国留学生只有83人，邓亚萍在留学生中备受瞩目。

❷ 杨福家和邓亚萍在纽斯台德庄园（即著名的拜伦故居），这里距离诺丁汉市中心大约20～30分钟的车程。

❸❹ 2002年12月12日，邓亚萍获得硕士学位后与杨福家等人一起合影留念。

第七章 中英牵手诺丁汉

 杨福家在英国诺丁汉大学出席毕业典礼。

1	2
3	

❶❷❸ 英国诺丁汉大学朱比利校区的"杨福家楼"。杨福家前后在诺丁汉大学担任了12年的校长。2012年12月5日,英国诺丁汉大学在朱比利校区举行隆重的"杨福家楼"命名仪式,以表彰杨福家任职12年的巨大成就。这栋绛红色的大楼建于2008年,由英国著名建筑师肯·沙特尔沃斯(Ken Shuttleworth)设计,充满了时代气息。

杨福家担任英国诺丁汉大学校长期间,学校的事业发展突飞猛进,在国际上的影响日趋扩大,杨福家也积极地宣传祖国的日益强大。2006年1月25日,达沃斯世界经济论坛年会在瑞士东部的滑雪胜地达沃斯召开,"中国和印度的崛起"被列在8个次主题的首要位置。杨福家和执行校长柯林·坎贝尔为世界经济论坛年会会刊合写了一篇文章《中国的和平崛起》。"中国将邀请400名法国青年访华,学生交流的意义要超过150架空客飞机的订单。经贸合作是为了现在,而教育与文化方面的合作则是为了未来"。杨福家在文章中引用了温家宝总理的讲话,引起了强烈反响和关注。在同一期会刊发表文章的作者还有俄罗斯总统普京、德国总理默克尔、巴基斯坦总统穆沙拉夫、教皇(Pope Benedict XVI)、2003年诺贝尔和平奖得主希林·伊巴迪、世界银行行长保尔·沃尔福维兹以及马来西亚总理马哈蒂儿·巴达维等。

经过杨福家牵线搭桥,英国诺丁汉大学与中国教育界的联系日趋紧密,诺丁汉大学成为中国学生来英国留学的首选地,中国政府高层领导也不断到学校考察。2008年11月20日,国务委员刘延东访问英国诺丁汉大学,并在诺丁汉大学举办的现代中国国际研讨会上发表主题演讲。她介绍了中国改革开放30年以来所取得的巨大成就,强调了中国政府坚持走和平发展道路、与各国携手共建和谐世界的立场:"在人类漫长的发展史上,各国人民的命运从未像今天这样紧密相连,各民族的文化从未像今天这样相互影响和交融。正如北京奥运会的主题歌中所唱的,'我和你,心连心,同住地球村'。让我们携起手来,为开创人类社会更加美好的明天而不懈努力。"

2005年12月12日,诺丁汉大学校董会决定将杨福家的校长任期再延长3年,新的聘期是从2007年1月起至2009年底。这意味着杨福家将在诺丁汉大学干满整整9年的3届任期,足见校方对杨福家工作的满意。此后杨福家的任期又被延长了3年。这也让杨福家认识到,大学校长的任期要自由。杨福家担任诺丁汉大学校长12年。执行校长的任期没有限制,只要他的工作能够被学校认可,就可以一直干下去,直到退休,这样做才可能保证学校政策的连续性,才能保证改革措施的有效实施。当初杨福家这位"没有爵位的中国人"来出任校长,也离不开长年担任执行校长的坎贝尔的积极推动,因为学校董事会相信坎贝尔的经验,相信坎贝尔对国际教育发展趋势的富有远见的判断!

灵活的用人制度,可以吸引优秀人才终身从教,并在较长的任期内做出突出的业绩。2002年,哈佛大学校长萨莫斯(L. H. Summets)在北京大学发表演讲时表示,哈佛大学之所以成为世界上最优秀的大学,原因之一就是校长任期长。打造一所好的学校、实现办学者的理念和目标是一个长期的过程。校长只有在较长的任期内,才能真正静下心来进行深层次的改革和实验,才会提高学校的办学水平。杨福家的很多好朋友都做了很多年的大学校长。例如,耶鲁大学的理查德·莱文就前后做了长达21年的耶鲁校长。为此,我们要适度进行学校人事制度改革,给学校一定的办学自主权。

1. 2003年10月2日，陈至立访问英国诺丁汉大学，为中国政策研究所揭牌。

2. 2008年11月20日，杨福家代表英国诺丁汉大学欢迎中国国务委员刘延东来访。

3. 2008年11月20日，国务委员刘延东率团访问英国诺丁汉大学。左起分别为马德秀（上海交通大学党委书记）、顾秉林（清华大学校长）、周济（教育部部长）、杨福家、刘延东、格林纳威（David Greenaway，英国诺丁汉大学执行校长）、李学勇（科技部副部长）、项兆伦（国务院副秘书长）、刘彭芝（中国人民大学附属中学校长）。

4. 2008年7月14日，杨福家在英国诺丁汉大学60年钻石庆典晚会上致辞。

5. 2012年12月4日，杨福家与执行校长格林纳威在诺丁汉大学参议院的宴会上共同为校长画像揭幕。12月5日，"杨福家楼"命名仪式举行。

6. "国际交流，教育先行。" 2012年12月7日，杨福家在诺丁汉大学理事会大厅悬挂的校长画像前留影。

二、回家乡播撒希望种子

杨福家出生在上海,父母是到上海经商的宁波人。他是地地道道的上海人,也是不折不扣的宁波人。宁波不是他在各种表格的"籍贯"一栏上填写的枯燥的汉字,而是他永难忘却、色彩斑斓的童年记忆:自幼不绝于耳的宁波乡音,一起在南市弹格路上嬉笑打闹、天真烂漫的儿时玩伴,回乡时笑脸相迎、热情淳朴的老宅邻居……他对故乡宁波的一草一木都有很深的感情。

杨家走出宁波,在上海扎下根来。杨家后代又有很多人走出上海,在北京,在广州,甚至在美国闯出一片天地。可无论走到哪里,宁波这片热土,都是他们魂牵梦系的故土家园。

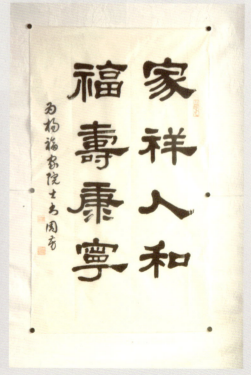

	5	6
1	2	7
3	4	8

❶ 宁波人商号。

❷ 杨福家出现在《海上宁波人》的封面上。

❸ 宁波高教园区里的杨福家雕塑。

❹ 宁波女书法家周芳为杨福家书写的嵌有"福家"二字的祝福语，"家祥人和，福寿康宁"。周芳，1959年生，浙江宁波人，中国书法家协会会员，浙江省女书法家协会副主席，宁波市书法家协会副主席。（据中央电视台戏曲频道"翰墨戏韵"栏目播放的《甬城墨香·周芳》，2016年8月28日）

❺ 2017年12月18日，杨福家在香港出席香港宁波校友联合会成立仪式。杨福家和宁波诺丁汉大学在港校友共同展开"一诺千金"书法横幅。香港宁波校友联合会整合了香港宁波镇海中学、余姚中学、鄞州中学校友会和香港宁波诺丁汉大学校友会等资源，搭建了在港宁波青年联谊平台，旨在联系和服务在港工作和学习的宁波青年，推进甬港两地人才合作交流，发挥在港宁波青年助力"名城名都"建设、维护香港繁荣稳定的作用。

❻❼❽ 2018年5月15日，杨福家伉俪在宁波帮博物馆参观。杨福家在博物馆详细了解宁波帮"走出宁波闯世界、艰苦创业行天下"的发展历程，为宁波帮人士敢为人先、开拓创新的精神以及爱国爱乡、造福桑梓的情怀倍感自豪。杨福家说，博物馆的展示陈列充满人文气息，令他回想起儿时的时光，以及父辈驰骋上海的创业年代。他伫足在"院士辉耀"、"教泽绵长"展板前，仔细端详着自己的照片，认真阅读着上面的介绍文字。杨福家指出，宁波籍院士及教育家群体不仅是宁波的人文现象，更是对宁波帮精神的延续与弘扬。

宁波是一座历史文化名城，是"海上丝绸之路"的重要起点，文化积淀深厚。改革开放后，宁波经济开始插翅腾飞，成为东海之畔一颗耀眼的明珠。但是，宁波的高等教育与这座城市的辉煌历史和飞速发展并不相称。直到1986年8月，宁波才诞生了第一所综合性大学——宁波大学。2003年，宁波市委召开各高校党委书记会议，提出宁波市的高等教育必须从量的扩张转到质的提高上来，并希望引进国外的优质教育资源，提升宁波市高校的办学水平。

有了这个政策利好，万里教育集团董事长徐亚芬迅速行动。2003年1月10日，在得到时任浙江省委书记习近平同志的鼓励和支持后，徐亚芬带着集团领导班子赶赴上海，和杨福家探讨与诺丁汉大学合作办学的可能性。杨福家一直关心宁波的发展，也有意把诺丁汉大学优秀的教育资源引入中国，当即表示将全力以赴促成宁波与诺丁汉的合作。他很希望能把中国第一所中外合办大学建在宁波，让家乡的孩子在家门口就能接受到世界第一流的优质高等教育。

2003年1月20日，英国诺丁汉大学派出代表团专程赴甬考察。3月1日，杨福家陪同英国诺丁汉大学执行校长柯林·坎贝尔一行，再次专程来甬，就合作办学事宜进行实质性洽谈。3月30日，杨福家和诺丁汉大学执行校长柯林·坎贝尔一行第三次赴甬，与宁波市政府签订了合作办学意向书。5月10日，双方决定任命杨福家为宁波诺丁汉大学校长、高岩（Ian Gow）为执行校长。5月23日，浙江省人民政府签发《浙江省人民政府关于请示同意筹建浙江宁波诺丁汉大学的函》并上报教育部。10月2日，中英双方在英国签订合作办学协议，随后高岩到宁波商讨办学具体事宜，在具体问题上双方存在一些分歧。例如，当时学校计划招4 000名学生，宁波方面说可以给学校900亩土地，没想到英方不要，6次谈话6次拒绝，因为英方认为按照中国的法律，10名学生1亩地，4 000名学生400亩地，他们怎么能够接受900亩土地呢？按照法律办事，这是英国文化中非常"强硬"的因素。双方开诚布公，求同存异，完满解决了所有问题。2004年3月13日，徐亚芬和坎贝尔代表中英双方在上海签署合作办学合同。

$$\frac{1}{\frac{2}{3}}$$

❶ 2003年10月2日，中英双方在英国签订合作办学协议。
❷ 2004年3月13日，在上海签署宁波诺丁汉大学合作办学合同。左起分别为高岩、坎贝尔、徐亚芬、杨福家。
❸ 2005年6月，杨福家在英国诺丁汉大学接待来访的宁波市副市长成岳冲（左）和万里教育集团董事长徐亚芬（右）。

2004年3月23日，国家教育部办公厅正式发文批复，同意筹备设立宁波诺丁汉大学。4月15日，宁波诺丁汉大学在宁波高教园区举行奠基暨开工典礼。宁波市将宁波诺丁汉大学的建设列入"一级工程"，特事特办，保证工程以"宁波速度"高质量地推进。

2004年9月17日，由宁波市政府主办、浙江万里学院与英国诺丁汉大学合办的宁波诺丁汉大学正式开学，首届254名学生见证了这一历史时刻。宁波诺丁汉大学为实施全英教育模式提供了实验性样板，其教材全部从英国诺丁汉大学引进，师资由英国诺丁汉大学聘用，质量评估体系与英国诺丁汉大学接轨，毕业证书也由英国诺丁汉大学颁发。

1/2

❶ 2004年宁波诺丁汉大学新校园建设开工。
❷ 钟楼是宁波诺丁汉大学校园的地标性建筑。

1	2
3	
4	

❶ 2004年9月17日开学典礼后，杨福家考察校园建设；左为英国驻沪领事馆总领事毕晓普（Sue Bishop）女士。

❷ 2004年4月15日，宁波诺丁汉大学奠基暨开工典礼举行。

❸❹ 2004年9月17日，宁波诺丁汉大学开学典礼举办。

1	3
	4
2	5

❶ 2004年9月17日,杨福家在宁波诺丁汉大学开学典礼上讲话。

❷ 2004年10月5日,时任教育部副部长吴启迪访问宁波诺丁汉大学。

❸❹❺ 宁波诺丁汉大学课堂教学场景(杨福家在《博雅教育》一书中放入图3)。当时杨福家作为校长可以观课、拍照,这张照片让他印象深刻:课堂上每5个学生分为一组,这位教师近距离地了解学生的思路和想法,不断鼓励学生提问,鼓励学生反驳别人的回应。

2005年9月5日,英国首相布莱尔来华出席第八次中欧领导人会晤并进行正式访问。9月6日,布莱尔在北京接见了柯林·坎贝尔爵士、英国和宁波诺丁汉大学校长杨福家院士和宁波诺丁汉大学理事长徐亚芬,并走进中央电视台《高端访问》特别节目,通过视频与宁波诺丁汉大学的师生进行了"面对面"的交流。下午3点整,宁波诺丁汉大学钟楼悠扬的英式钟声在演播厅内回荡,让布莱尔惊喜不已。他称赞宁波诺丁汉大学不是一所普通的大学,它是中英教育全面合作的一次有益尝试。

2006年2月23日,宁波诺丁汉大学校园落成,迎来肤色各异的各国学生。中国国务委员陈至立以及在华进行国事访问的英国副首相兼内阁首席大臣约翰·普雷斯科特(John Prescott)先生专程来到宁波,共同为宁波诺丁汉大学揭牌。中共浙江省委书记、省人大常委会主任习近平,中国科学院院士、宁波诺丁汉大学校长杨福家,英国诺丁汉大学执行校长柯林·坎贝尔爵士分别在仪式上致辞。习近平在致辞中代表省委、省政府,对校园的落成表示祝贺,对为宁波诺丁汉大学付出心血的中外有关人士表示感谢。他说:"今天的天气虽然还有一丝寒意,但是春天已经到来,春耕播种即将开始,此时此刻,我们怀着喜悦的心情在这里播下了一颗希望的种子,我们一起在生机勃发的港口城市宁波,见证宁波诺丁汉大学新校园的落成。""宁波诺丁汉大学的创建和成立,开创了我国高等教育与国外优质的高等教育资源相结合的先河,为中国教育走向世界创造了一种新的模式,也为浙江省高等教育发展注入了新的活力,提升了我省高等教育的办学水平,也推动了浙江与英国在文化、教育等方面的交流与合作。"他希望宁波诺丁汉大学在中英双方的共同努力下茁壮成长,在促进浙江与英国文化、教育交流,促进浙江高等教育事业发展中,发挥更加积极的作用。①

在杨福家为英国诺丁汉大学服务进入第六年时,他开始在祖国的土地上留下一些永久性的东西,杨福家为此感到很欣慰。英国副首相普雷斯科特在典礼的致辞中也说出了杨福家的心声:"我们非常自豪地看到英国诺丁汉大学正在显示她促进经济增长、社会和谐发展的能力,并促进社会从大学的研究成果实践中受益。这所大学向我们证明,在全球经济快速发展的时代,中国和英国正在携手共进、相互学习、合作创新。"

1 | 2

❶❷ 2005年9月6日,时任英国首相布莱尔与宁波诺丁汉大学两位优秀的二年级学生(右为宋杭丽,左为王舒彦)。两位学生中一位通过参加全国高考录取,另一位则是通过面试录取。

---

① 周咏南《宁波诺丁汉大学举行校园落成仪式:普雷斯科特和陈至立、习近平致辞,吕祖善等出席》,《浙江日报》2006年2月24日。

❶❷❸ 2005年9月6日，布莱尔参加央视访谈节目录制。看完一分多钟的宁波诺丁汉大学的宣传片后，主持人水均益笑着说："这个学校真好，我有孩子也送到那里去读书。"当布莱尔告诉同学们说自己最大的梦想不是当政治家，而是想成为一名摇滚乐手时，师生们忍不住哈哈大笑，现场洋溢着欢乐的气氛。

❹ 杨福家在央视访谈节目现场。

❺ 在校园揭牌庆典活动中，空中飘浮的气球上悬挂着"中西融通欧亚交汇开创合作办学新时代"、"甬城挥洒大手笔书教育发展篇章"、"四海宾朋云集共襄盛举"等标语。

❶ 2006年2月23日宁波诺丁汉大学校园揭牌，杨福家与陈至立在宁波诺丁汉大学校园揭牌仪式上。

❷ 2006年2月23日宁波诺丁汉大学校园揭牌仪式上栽培的雪松（左）和樱花（右），分别代表中西方文化，这也昭示学校人才培养的目标定位——中西兼通的国际通用人才。

❸ 学生服务与计算机中心、主会堂（大报告厅）。

❹ 学生公寓。

❶❷❸❹ 春暖花开中的宁波诺丁汉大学校园，杨柳依依，流水淙淙，"诺丁鸭"（实为从英国引进的灰天鹅）闲庭信步，偶尔还有野兔、刺猬、黄鼠狼、野鸭、山鸡、白鹭等"不速之客"，处处洋溢着清新和谐的气氛、蓬勃向上的活力。

第七章 中英牵手诺丁汉

❶ 2006年3月28日，（左起）贺江波，杨福家，高岩，国务院学位委员会办公室主任、教育部学位管理与研究生教育司司长杨玉良，在宁波诺丁汉大学校园。

❷ 2006年4月11日，教育部副部长陈小娅来宁波诺丁汉大学考察。

❸ 2007年6月19日，（左起）徐亚芬、杨福家和吕祖善合影。

❹ 2007年6月19日，（左起）杨福家、吕祖善和坎贝尔合影。

❺ 2008年5月23日，举行可持续能源技术研究中心（CSET Launch）落成典礼。

在全球化的时代，宁波诺丁汉大学应运而生、茁壮成长。它为世界各国的青年提供相互学习的机会，通过教育避免文化摩擦，促进理解合作，成为连接中国与世界各国沟通交流的桥梁，为促进世界和平与和谐做出贡献。

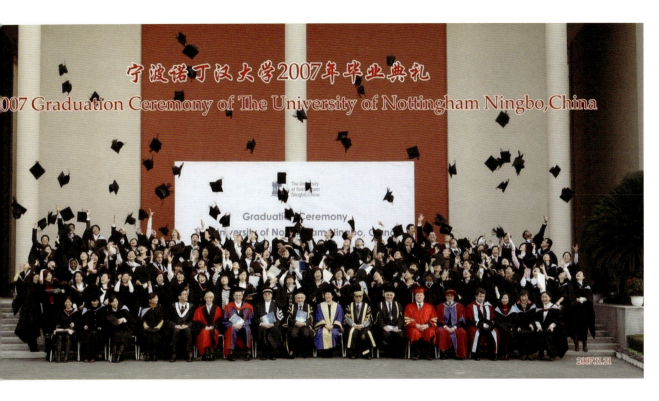

第七章 中英牵手诺丁汉

❶ 2007年11月21日，宁波诺丁汉大学举行2007年毕业典礼。

❷ 在宁波诺丁汉大学首届学生毕业典礼上，杨福家和克里斯·奥布莱恩教授（Chris O'Brien）合影。克里斯·奥布莱恩教授是宁波诺丁汉大学商学院院长、运营管理教授。他在1968年加入英国诺丁汉大学，与人共同创办了英国诺丁汉大学工商管理硕士课程和大学管理研究所（现为商学院）。曾担任马来西亚诺丁汉大学的执行校长，负责在吉隆坡建立大学校园。2007年9月他到宁波诺丁汉大学工作。

❸❹❺ 2008年7月5日，宁波诺丁汉大学首届本科生毕业典礼授予李达三博士学位。

1	2
3	4	5

宁波诺丁汉大学的创办和发展，始终得到国家领导人及各级领导的关怀和关注。2011年4月8日，温家宝总理到浙江调研，临时增加一项安排，就是专程到宁波诺丁汉大学看望教师和学生。他指出，"大学要培养人的创造思维和创新精神，让学生学会独立思考。不仅会动脑，还要会动手，学校课程要和社会需求紧密结合"。并殷切寄语师生："诺丁汉大学就像一个国际大家庭，学校虽然办在中国，但一定要具有世界眼光。对中国学生来讲，要胸怀祖国，放眼世界。""所谓胸怀祖国，就是要珍惜我们国家5000年的悠久文化；所谓放眼世界，就是要开放兼容。只有开放兼容，国家才能富强，教育才能发展。"①

2014年是宁波诺丁汉大学办学10周年，学校举办了系列庆祝活动。4月17日，在北京举行"宁波诺丁汉大学10年成果分享会"，回顾学校已取得的成就，分享交流中外合作办学成功经验。当晚6时，宁波诺丁汉大学成立10周年庆祝招待会在英国驻华大使馆举办，灯火辉煌，嘉宾云集。英国诺丁汉大学荣休校长、宁波诺丁汉大学校长杨福家院士在祝辞中动情地说："我们最大的成就，就是学生的成就。"在谈到学校未来发展时他表示："宁波诺丁汉大学为中国学生走向世界开辟一条通道的同时，也为各国了解中国开启了一扇窗。学校还将继续坚持以学生为中心，朝世界一流的国际化研究型大学扎实迈进。"6月12日，中国驻英国大使馆也为宁波诺丁汉大学举办相同规格的招待会。英国诺丁汉大学执行校长大卫·格林纳威教授说："宁波诺丁汉大学的第一个10年所取得的成就超出了我们的预期。下一个10年，我们希望进一步壮大宁波诺丁汉大学，增加对其在课程和研究方面的投资，并更深地融入宁波，从而为中国浙江省带来更多价值。"中国驻英大使刘晓明在中国驻英国大使馆发表讲话，他说："10年前，习近平主席正在浙江工作，他在出席宁波诺丁汉大学落成典礼时曾说'宁波诺丁汉大学为探索中国教育走向世界创造了一种全新的模式'。10年后，我们可以骄傲地向习近平主席汇报：'这种全新的模式是成功的！'这10年宁波诺丁汉大学培养了多名毕业生，如今他们在中英两国和世界许多国家的不同岗位上展现才华，成为各行各业的杰出人才，书写精彩人生，开创辉煌业绩。"

2019年4月，宁波诺丁汉大学迎来校庆15周年。广大师生举办了国际教育周、校友日、开放日、员工才艺秀、生日派对等多个精彩纷呈的主题活动，展现了宁波诺丁汉大学在博雅教育和国际化教育理念指引下15年的发展和积累。杨福家致信全校师生，以一份优异的成绩单来为全校师生加油鼓劲："15年之后的2019年，学校已拥有来自全球70多个国家和地区的8000多名学生和教职人员、完整的本硕博人才培养体系、近20个紧扣区域发展的产学研平台、遍布全球的教学科研合作伙伴、1.3万受世界名校名企青睐的毕业生以及逐年攀升的录取分数线。"他将学校今日的辉煌归功于"学校全体师生、中英合作双方的努力与付出，来自各级政府、社会各界的关心与支持"。最后，他提出学校未来发展的愿景："在新的历史发展时期，我们要勇于面对新的挑战，不断提高教学质量和科研实力，把宁波诺丁汉大学建设成为一所国际化特色鲜明的高水平中外合作大学。"

为了办好宁波诺丁汉大学，杨福家倾注了巨大的心血。为了扩大宁波诺丁汉大学的影响、获得更多支持，他长年四处奔走。在他的影响下，他的好友、著名实业家李达三及其家人多次慷慨捐助，2017年底捐出1亿元人民币，用于支持宁波诺丁汉大学师生创业创新。杨福家利用各种场合宣传宁波诺丁汉大学的办学理念和办学成就。他常在校园里随处走走看看，走到学生中间，询问学生的学习和生活情况。他获得了宁波诺丁汉大学师生的由衷的爱戴。"宁波诺丁汉大学创办这些年，现在可以说第一步是成功的。但是不进则退，我们不能满足于此，应该不断找差距，进一步发展宁波诺丁汉大学！"面对成绩，杨福家冷静地说："我将和学校全体师生一起，以饱满的热情和活力迎接宁波诺丁汉大学下一阶段的发展。"

1	2
3	4
5	6

❶ 2011年10月4日，外交部长杨洁篪（中）来宁波诺丁汉大学视察。他说："宁波诺丁汉大学是中国教育上的创新，这个头带得好！我相信宁波诺丁汉大学一定能在中国生根发芽、茁壮成长、不断向上，走得漂亮，走得扎实。我们外交部一定竭尽所能支持宁波诺丁汉大学的发展。"

❷ 2014年4月17日，"宁波诺丁汉大学十年成果分享会"在北京举行。

❸ 2014年3月25日，杨福家和时任宁波市委书记刘奇交流。

❹ 2015年10月22日，时任教育部部长袁贵仁来宁波诺丁汉大学考察。

❺ 2006年11月14日，杨福家和宁波诺丁汉大学的学生在一起。

❻ 2015年12月9日，杨福家和宁波诺丁汉大学的学生在一起。

---

① 嵇哲《胸怀祖国　放眼世界》，《浙江日报》2011年4月10日。

第七章 中英牵手诺丁汉

	4
2	5
3	

① 2017年7月1日，杨福家和宁波诺丁汉大学的学生在一起。

② 杨福家和宁波诺丁汉大学的学生合影，前排左起分别为孙荀、张科达、江南，后排左起分别为滕达、秦旭萍、杨福家校长、胡泽晗、徐小琦、马佳瑶。

③ 2016年11月11日，宁波诺丁汉大学在罗宾汉西餐厅隆重举行李叶耀珍奖学金暨梦想奖学金颁奖仪式。杨福家在致辞中简短介绍了博雅教育第二课堂的先进理念，也表达了对宁波诺丁汉学子的殷殷期望。学生演奏起悠扬的乐曲，献给梦想奖学金捐资设立者杨福家校长。

④ 2018年7月15日，杨福家主持宁波诺丁汉大学第11届毕业生暨2018届毕业典礼。

⑤ 杨福家在2018届毕业典礼上发言："祝贺你们毕业了，但是毕业了也不要忘记寻找自己内心的火种。"

第八章

立德树人　爱国奋进

从1958年复旦大学毕业留校以来，杨福家60多年如一日，爱党爱国、无私奉献、勇攀高峰、不断创新、厚德载物、淡泊名利，直到生命最后一息，谱写了一曲弘扬立德树人、爱国奋进精神的壮丽雄浑的时代乐章。

一、国际视野　家国情怀

杨福家是中华人民共和国首批派到西方留学的科技人员，长期与美国和欧洲的科技界保持密切的联系。改革开放后他更是无数次地出国访问讲学，具有广阔的国际视野。正因为如此，他对很多问题能够站得高、看得远。他撰写了多篇比较中外教育差异的文章，发表在《求是》等杂志上，引起了广泛的讨论和反思。

杨福家出国越多，对祖国的爱越深沉。1963年，杨福家亲耳听到陈毅元帅讲述的在法国留学期间让座的故事，这个故事令杨福家刻骨铭心：陈毅在无轨电车上礼貌地给一位老太太让座，孰料老太太竟然说，"中国人坐过的位置我不要坐"。杨福家到丹麦留学后，被尼尔斯·玻尔对祖国炽热的爱而深深地感动。玻尔这位20世纪最伟大的两位物理学家中的一人，把童话作家安徒生的一句话作为自己的座右铭："丹麦是我出生的地方，是我的家乡，这里就是我心中世界开始的地方。"玻尔做出杰出成就后，英国、美国都请他去，而他说："我就要在我这个只有500万人口的小国里建立一个世界认可的物理学研究所。"结果他成功了，丹麦哥本哈根大学玻尔研究所成为世界的物理学中心之一。杨福家说："这就是大爱！大爱首先要热爱自己的国家。"所以，杨福家把这句话中的"丹麦"改成自己的祖国，作为自己终生不渝的座右铭："中国是我出生的地方，这里就是我心中世界开始的地方。"

科学无国界，但科学家都有自己的祖国。每一个国家的繁荣昌盛，都离不开无数的爱国主义者为之不懈奋斗，甚至不惜牺牲自己的生命。杨福家到美国访问，看到美国非常重视爱国主义的教育。耶鲁大学矗立着美国民族英雄内森·黑尔的塑像，碑座上镌刻着他的名言："我唯一的憾事，就是没有第二次生命献给我的祖国。"

国家利益至上。杨福家有位朋友是美国前战略部队司令，是四星上将。他飞行超过5 000小时，驾驶过各种各样的军用飞机。杨福家曾问他的夫人："他这么飞，你怕不怕？"他的夫人讲得非常坦率："不怕是假的，当然怕，但是为了美国的利益他必须这么做！"美国人常说"for the interests of the United States"。美国总统尼克松来中国访问时，有人问他："你为了什么来？"尼克松的回答是"为了美国的利益"。美国前国防部长罗伯特·盖茨曾是美国农业与机械大学的校长，当他得到总统的通知要他出任国防部长，他给很多人写了信，信中写道："美国总统已经宣布任命我为国防部长，我非常荣幸，同时深深地感到悲哀，因为我热爱这个大学，我热爱这个州。但是，我更热爱我的祖国，我必须履行我的职责，所以我必须走。"

改革开放后，国际交流日趋活跃，青年学生也兴起了"出国潮"。大潮之下，鱼龙混杂，不少人出国是抱着"挣大钱"的目的。还有些人，国家派他出国，给予较高的生活待遇，足以保证他的工作、生活所需。可是为了一点蝇头小利，却宁愿不分白天黑夜地做苦力，什么工作任务、祖国声誉全然不顾，注重的只是每月多挣几百美元。杨福家对这种现象很痛心。他说，到国外去做苦力，而把事业、祖国撇在一边，"我以为，这绝不是我们有志青年所应仿效的"。"我主张青年人志在四方，出国闯闯有好处，可以开阔眼界、活跃思想，学习先进的科技知识，但无论如何要把事业的根扎在国内，这样才会有明确的奋斗目标。有些人把到国外去做苦力，作为自己的追求目标，我觉得未免太不值得了。"①

出现这种现象，归根结底还是缺乏爱国主义、丧失理想信念。因此，杨福家主张要在大学里大力弘扬和宣传爱国主义精神。这是中国古老文明中非常精彩的一部分。杨福家一直以两弹元勋作为自己的楷模。他牢记邓稼先的一句话："一个科学家能把所有的知识和智慧奉献给祖国，使中华民族摆脱任人宰割的命运，还有什么比这更令人骄傲和自豪的？"杨福家也常引用于敏的话，"中华民族不欺负别人，也决不受人欺负，核武器是一种保障手段"，他说"于敏院士说出了他工作的动力。这种朴素的民族感情和爱国思想也一直是使我进步的动力"。

---

① 杨福家《追求卓越》，复旦大学出版社1995年版，第191页。

第八章 立德树人 爱国奋进

❶ 2003年6月1日《求是》第11期刊登杨福家的《中外教育比较》一文。
❷ 杨福家手写座右铭。
❸ 耶鲁大学校园内内森·黑尔的塑像。
❹ 杨福家和美国四星上将哈比格。
❺ 1992年春节前夕，中国大学校长代表团一行7人到美国慰问留学生。图为复旦大学副校长杨福家于1月25日在华盛顿和留学生座谈。（《人民日报》1992年1月27日图片报道）

二、追求卓越　敢为人先

杨福家写过一本书，书名为《追求卓越》，体现了他人生中的一种理念：做事情要么不做，要么就认真去做。"一切都要追求优质，这应是我们一切工作的出发点，也是我们的奋斗目标。"他自己正是追求卓越的一个典范。美国得克萨斯州立大学副校长冯达旋教授说："杨福家在他事业中走过的每一步路不仅留下了光辉的印记，还开拓了新的领域，达到了新的高度。"

● 《追求卓越》一书。

杨福家处处追求卓越，事事超前思考。他年轻时参与创建了复旦大学原子能系，当时就立志要把原子能系建成最好的。到了 20 世纪 80 年代，复旦大学物理二系跃居全国前列，原子核物理专业的博士点和硕士点，在全国性评估中都一直名列前茅。

杨福家担任上海原子核所所长和复旦大学校长，都以"能拿金牌"作为衡量基础研究的一个重要标准。他说"搞基础研究，就是要拿国际金牌"，"把高校办成政府的思想库"，为社会不断输送高技术的产业。在他和全校师生努力下，复旦大学创办了中国第一家高校智库，正在成为世界第一流的名牌大学。

王沪宁说："'追求卓越'提出了一个明确的目标，也显示了一种精神。"这种精神，首先就是敢为人先的开拓精神，敢争第一的进取精神，敢为天下先的改革精神。

杨福家担任复旦大学校长，首先就提出"把复旦办成国内外一流大学"的奋斗目标。为了实现这个目标，他着手进行一系列大刀阔斧的改革，走在全国高校的改革前沿。短短几年，就推动复旦大学距离这个目标越来越近。杨福家的改革思路，至今仍有极大的实践和参考价值。

追求卓越，也意味着要付出超出常人的辛勤汗水。杨福家经常感恩地说他的机会好，"额角头高"[①]。其实，"机会只属于有准备的头脑"。杨福家之所以能一次次抓住机会、获得成功，离不开他自身的不懈努力。他在大学毕业前夕写毕业论文时，连做梦都在演算数学公式。

---

① 上海话"运气好"之意。

他在丹麦留学时，经常连续 48 小时不眠不休，连轴工作，等待实验结果。没有这种痴迷，没有这种实干和拼搏精神，怎能登上成功的金字塔尖，赢得众多顶尖诺奖学者的尊重？

1996 年，杨福家第一次参加国际大学校长协会的会议。这个协会已经成立 30 多年，但是由于各种原因在执行理事会里一直没有中国大陆的代表。杨福家在参加会议前做了充分准备，包括演讲稿的内容等都反复斟酌。会上，杨福家的发言引起与会者的好评和共鸣。他作为中国唯一的代表，被选入执行理事会（这一组织的最高领导机构）。"我如果未被选上，进不了理事会，也就没有更多的机会让人了解。"1997 年美国全美大学校长会议召开，3 000 多个美国大学校长参加。会议第一次邀请了外国的 5 位大学校长在会上发言，杨福家被国际大学校长协会推荐，成为其中的一位发言者。在此前后复旦大学还加入了东亚研究型大学校长协会、太平洋地区大学校长协会、21 世纪大学校长协会等，杨福家都被选为领导成员。1997 年 3 月，在杨福家建议下，国际大学校长协会首次在中国召开会议，100 多位国外大学校长光临复旦，盛况空前。杨福家活跃在国际教育舞台，使国外的大学校长有机会了解中国教育所取得的进展与成就，并对杨福家个人也有了更多的认识，增加了友谊。

追求卓越，更意味着目标长远、胸襟宽广。步子迈得快了，有时难免会引起视野狭窄、目光短浅者的非议。前进的路上也难免有些磕磕碰碰、沟沟坎坎。但是，只要牢记初心，胜不骄、败不馁，就一定能取得成功。杨福家担任复旦大学校长时提出"创一流"的目标，一度被人戏称为"唱一流"，但他不为所动，锐意改革，带领着复旦人乘风破浪，创造了一个又一个辉煌。杨福家反对高校一窝蜂兴建大楼、大搞"标志性建筑"，也曾招来批评，说这是"小农经济的观念"，他不过一笑置之。他创办宁波诺丁汉大学，更引起不少街头巷议，怀疑他替英国人赚钱，他也坦然面对。"不畏浮云遮望眼，自缘身在最高层。"杨福家不迎合，不苟且，昂首前行，用自己在世界各地的成功办学实践，诠释着一流大学的深刻内涵！

杨福家曾在一次讲演中与师生共同分享丘吉尔在演说《热血、眼泪和汗水》中的一句话："我所能奉献的唯有热血、辛劳、眼泪和汗水。"他还曾引用海明威在《老人与海》中的一句名言送给听众："生活总是让我们遍体鳞伤，但后来，那些受伤的地方一定会变成我们最强壮的地方。"这也许正是他卓越人生背后的一个真实写照。

第八章 立德树人 爱国奋进

	4
1	
2	5
3	

❶ 1997年7月1日是香港回归日，国际大学校长论坛在香港中文大学开幕，研讨全球高等教育发展趋势，左起分别为香港中文大学校董会主席利汉钊，香港首任行政长官董建华，教育部副部长韦钰，中国大学校长联谊会创会主席、复旦大学校长杨福家。（香港《大公报》报道）

❷ 1998年10月5日，杨福家在联合国教科文组织（UNESCO）于巴黎总部召开的"迎接21世纪的高等教育"会议会场。会场座无虚席，连阶梯上都坐满了人。这是全球高等教育的一次盛会，来自180个国家的2 700位代表到会。我国教育部部长陈至立率团参加会议。经过4天的会议，世界各国代表形成共识：高等教育的国际化已经成为必然的趋势。

❸ 杨福家在接受记者采访，摄于2004年11月21日。

❹❺ 杨福家在工作中，摄于2006年3月31日。

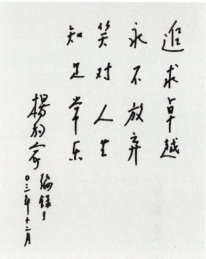

❶❷ 杨福家在剪报。

❸ 杨福家在工作中，摄于 2009 年 9 月 14 日。

❹ 杨福家在助手帮助下作登台讲演前的最后准备，摄于 2016 年 3 月 12 日。

❺ 杨福家在伏案工作，摄于 2018 年 2 月 3 日。

❻ 杨福家在认真阅读。

❼ 杨福家题词："追求卓越，永不放弃，笑对人生，知足常乐。"

三、投身科技　服务社会

杨福家是国际知名的核物理科学家。多年以来，他在核物理研究领域取得一系列开创性成就，完成一批在国际上受到重视的工作。在原子核能谱学方面，实验发现一些新能级数据，多年来一直被国际同行采用。在级联衰变方面，给出复杂能级的衰变公式，概括了国内外已知的各种公式，较广泛地用于放射性厂矿企业，并推广至核能级寿命测量，给出了图心法测量核寿命的普适公式。领导实验组用 γ 共振吸收法发现了国际上用此法找到的最窄的双重态（900eV）。在国内开创了离子束分析研究领域，并进行了一系列研究；首次采用双箔（直箔加斜箔）研究斜箔引起的极化转移，并在国际上首次提出了用单晶金箔研究沟道效应对极化的影响，确认极化机制；在国际上首次把运动电场用于束箔机制。参与的实验组在国内首先开展激光束——离子束相互作用研究，并精确地测定了一些参数。

这些成果很多都来自服务社会的需求，来自为解决实际问题而进行的应用性研究。例如复杂能级的衰变公式的提出，就是因为在"文化大革命"中他到上海跃龙化工厂"开门办学"，看到该厂环境污染测试计算结果存在问题而做的进一步研究。他在国内开创的离子束分析，首先应用于对勾践剑所作的无损分析实验。他形象地比喻，核物理是"双面绣"，理论基础研究和应用这两面都很美，互相依存，必须时刻结合在一起。①

杨福家从1980年就努力呼吁大学要和工业相结合，赞同"教授经商"，以促进高技术产业形成和发展。②走上领导岗位后，他更是致力于将科学研究和产业发展结合起来。在他的领导下，复旦大学和上海原子核研究所都建立了一批高科技产业。

杨福家尊重知识，崇尚科学。他引用美国物理学家韦斯科夫（Victor Weisskopf）说过的一句话："人类的知识好比是无边无际的未知海洋中的一个小岛。这个岛屿变得愈大，它与未知海洋的接界也就扩展得愈广。"知识的增长必然孕育着新问题的产生。当前，未知的知识不是减少了，而是增多了。因此，他努力追踪最新科技成果，并努力向公众宣传和普及。

❶ 1993年，杨福家和复旦大学党委书记钱冬生在复华公司总经理陈苏阳陪同下视察复华公司漕河泾生产基地。

❷ 彭秀玲和美国物理学家韦斯科夫夫妇，1981年10月13日摄于麻省理工学院。

$$\frac{1}{2}$$

---

① 杨福家《核技术发展五十年——在上海市核学会报告会上的报告》，《自然》1993年第6期。
② 《上百个"工业-大学联合体"将出现在美国大学校园中——美国迎接新挑战的措施》，原载于《情报与建设》1986年11月，又载于《科技动态》1987年3月；《从摩根博士看"美国现象"——评"教授经商"》，载于《上海科技报》1989年1月13日；《科技企业家的素质——再谈摩根博士》（1990年8月），载于《追求卓越》，复旦大学出版社1995年版，第59-64页。

我认为的最伟大的物理学家之一——韦斯科夫写了本书 The Joy of Insight，写了做一个物理学家所感受到的愉悦。我为什么尊敬他？他的思想充满了物理，你去看看他的书就可以体会到。他在哥本哈根的一组人中是非常有名的。他在14岁产生了一个问题，相对论说了，运动的物体的速度是光速的话，那么它的能量就是无限的。但是光没有无限大的能量，这个普通的粒子就不能超过光速。但是光子怎么样呢，14岁的小孩产生这么一个问题。他说我碰到这个问题，自己很难回答。因为光不是无限大的能量，它能量多少是依靠光的延伸，按照普朗克和爱因斯坦发展的理论 hv，这个 v 如果很高，能量就高，如果很低，能量就低。波长长的能量低，波长短的能量高，但是不会到无限大，这是为什么呢？他想来想去想不出来。他说好，我写给与光 hv 的 h 相联系的最伟大的人物普朗克。在1922年的夏天，他14岁的时候给普朗克写了封信，提出了这个问题。几周后，他收到了普朗克的回信，普朗克并不知道他是14岁的小孩，称他为"Dear Sir"，"Sir"是很尊重的一个称呼。他说我来尝试回答你的问题，他说"mass"以光速运动，能量变成无限大，像电子就是这样，但是对波动不行的，我们必须原则上区别粒子与波。所以他到1922年，爱因斯坦拿诺贝尔奖的时候他还不认可波粒二相性，光子的运动必须考虑它是波动，所以我们不能得出"mass"是无限大。

——杨福家《光电百年与物理教学》

1995年9月8日，中科院院士杨福家在上海市政府会议厅，向上海市的市、区、县、各委办局的200多位领导干部做了一场"面向21世纪的高科技进展"的科普报告。杨福家在30分钟的"开篇"中，以具体的事例，配以35张形象化的彩图，深入浅出地介绍了当今世界高技术进展的某些重要领域，使与会者对信息高速公路、计算机、生物技术、核电产生了浓厚的兴趣。当时互联网还是个新生事物，只有少数用户才有条件使用电子邮件。但这时报纸上已经出现了"信息高速公路应该降温"的声音。杨福家针锋相对地提出："我们完全有条件搞，也必须搞。"他以电子邮件为例说明，"没有这样的联系，中国将再次自我孤立"。因此他建议上海应尽早做好计算机联网工程，呼吁发展信息产业，但同时"必须及早研究智慧财产创造型社会所需要的新的管理体制"。徐匡迪市长对讲座作了很高的评价：这样的讲座能够帮助大家拓展视野，有利于整个干部队伍素质的提高。

讲座的主要内容发表于1995年9月13日《上海科技报》头版。①同日，《解放日报》还刊登了杨福家关于科普工作的谈话。他说科普活动不仅传授知识，还宣传科学家的事迹和精神，对青少年树立爱国主义精神、树立正确的人生观和世界观大有好处。他强调科技博物馆的重要性，呼吁尽快落实尚在规划中的上海科技馆的建设。②

● 杨福家题词"让大众理解科技"。

1996年，杨福家主编《现代科技与上海》，详述计算机与自动化技术、通信技术、空间科学技术、新材料技术、生物工程与医学和农业新技术等高新技术，提出在上海建设一批科技标志性工程，如与国家共建新一代同步辐射光源装置，建设科技信息网络，并结合上海自然博物馆迁建和上海科技馆、上海天文馆的建设，使上海成为一座跨世纪的、现代化的上海科技城。书中提出要把上海建设成为国家高新技术产业基地、研究开发基地、科技人才培养的基地，在科技发展的总体水平上大大缩短与世界先进水平的差距。

上述所有高科技成果都来自20世纪三大科学成就——相对论、量子论、DNA结构。基础研究成就来自对自然之谜的探索，等待我们要去发现和解决的科学之谜还有很多。面对21世纪的挑战，我们应该抓住机遇、迎接未来。

2008年，奥运会首次在中国北京举行。杨福家对北京奥运会增加科技含量十分赞同，他说："我们要在北京奥运会向世界展示奥运科技之光，我很赞成北京提出的绿色奥运、科技奥运、人文奥运的口号。中国政府现在强调科学发展观、建设和谐社会和创新型社会的目标，表明我们的国家不满足于是一个经济发展最快的国家，还要建设一个更加环保、科技昌明、和谐与文明的社会。"③

---

① 在2000年6月26日美国总统克林顿宣布人类基因组草图完成的消息后，杨福家综合《波士顿环球报》、《华盛顿邮报》、《今日美国》、CNN 等报道，补充了"人类基因组研究"部分内容。杨福家《博学笃志：知识经济与高等教育》，上海教育出版社2001年版，第10-22页。
② 上海科技馆于1996年3月由上海市政府正式立项，1998年12月18日开工建造；2001年12月18日开放一期展览，2005年5月开放二期展览。
③ 《杨福家：展示奥运科技之光》（全球知名华人寄语北京奥运），《人民日报》（海外版）2006年8月11日。

运气走到新华
奥运病而创新中华
办长正胜学找
人来奖教兴
北京从列科振

杨福家
2006.7.8

1	2	3
4	5	

❶ 杨福家主编《现代科技与上海》（上海科学普及出版社1996年版）。

❷ 2007年8月30日，杨福家在上海市政协科促会、上海市科协主办的"建设资源节约型社会主体沙龙"上谈节能。

❸ 杨福家寄语北京奥运会，载于《人民日报》（海外版）2006年8月11日。

❹❺ 1995年，杨福家为管理学院干部班学员讲解科技前沿知识。

作为核物理学家，杨福家对群众缺乏核科学常识而深感焦虑。有一次他在一个著名的温泉疗养所，看到每间房内均有"温馨提示"："本温泉含有丰富的氡……"他一连问了十几个人，竟无一人知道氡是何物！而在美国，普通老百姓都知道氡是对人体有危害的放射性气体。在购买房屋时，一般要在签约前对房屋作环保测定，其中一项测定指标（特别是地下室）就是"氡气含量不能超过4 pc/L（每升4微微居里）"。杨福家的好友格罗津斯教授创办的NITON公司（位于波士顿）就专门从事氡的测量。对氡的认识已不单单限于铀矿或涉及放射性的工厂有关人员。2008年9月，世界最大的强子对撞机（LHC）在欧洲正式启动。启动之前，国外有科学家上演了一场闹剧，他们要求起诉相关机构、禁止这项实验，因为担心实验会形成黑洞，把地球带入"末日"。杨福家当时正在英国，他怒斥这种说法"完全胡说八道"，并通过越洋电话向国内媒体详细解释了这个实验的基本原理和目标："LHC通过加速强子，并让两束强子碰撞，模拟宇宙开始时的情景，科学家就能从中研究宇宙起源，这也是该科学工程的主要目标之一。"①

杨福家积极宣传核科学，核科学不仅仅是核武器。他说，在很多老百姓心里，提到核科学，大家就觉得是核武器，事实上，还有核能以及核技术应用等。核能是清洁、高效的能源，随着科学技术的发展，核能会更加安全。和平利用核能为国家发电是未来的趋势。杨福家近年积极宣传质子重离子治癌原理，论证其为目前国际肿瘤放疗的高端技术，具有成熟性、安全性和有效性。在他的建言和推动下，上海市率先引进质子重离子放射治疗设备，建成相关的集医疗、教学和科研于一身的综合性医疗机构，对上海市提升医疗服务水平、建设亚洲医疗中心城市具有重要意义。

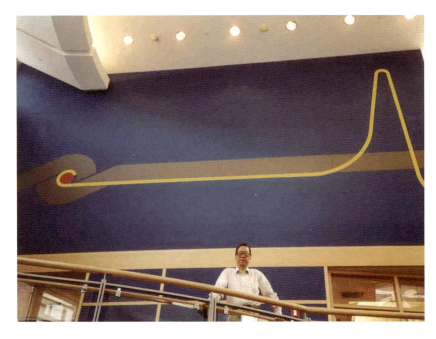 

❶ 杨福家在质子治癌原理图前留影，2000年8月2日摄于美国波士顿麻省总医院（该医院在美国排名第二）"东北质子治疗中心"大厅。质子是一种比电子重1840倍的带正电的粒子。任何原子都由位于中心的原子核和绕核运动的电子组成，原子核则由中子和质子所组成。但最轻的原子——氢，核内只有1个质子。因此，质子即氢原子核。质子治癌的原理在于它穿过物体的耗能过程非常奇特：质子有90%以上的能量都损耗在最后，即在它停下来的瞬间，交出了几乎所有的能量。因此，只要调节质子的能量，使它正确地打到肿瘤部位即可。大厅背景的壁画图示了这个过程：由质子回旋加速器射出做直线运动，一条水平线代表质子在穿越人体过程中耗能几乎为不变的常数（并且很小）；到了肿瘤位置，也就是质子几乎要停止时，出现了一个"山峰"，即耗能达到最高峰，质子的能量几乎在此全部耗尽。比起伽玛刀，质子束最大的优点是照射点定位精确，对正常的细胞损伤远比伽玛刀要小。例如，用质子束"杀死"眼底肿瘤，而对近在咫尺（后面）的眼神经毫无损伤，这是伽玛刀做不到的。（杨福家《质子治癌造福人类》，载于《上海科技报》2000年10月18日）

❷ 杨福家参观麻省总医院"东北质子治疗中心"的260兆电子伏回旋加速器。过去质子治疗所用的加速器，几乎都是核物理实验用过的机器（可谓"废物利用"）。但随着质子治癌的成功，已开始出现专用加速器。这台由比利时制造的260兆电子伏的回旋加速器，其尺寸之小足以显示科技之进步，3间治疗室也已可供患者使用；其中两间都装有360度旋转设备，以使质子束能从任何方向射入人体。由麻省理工学院设计的病床，可控制在毫米范围内移动。当时类似的全套新装置已开始在日本医治患者。

---

① 《杨福家院士："完全胡说八道！"》，《解放日报》2008年9月11日。

四、忠诚教育　大爱无私

"您已身兼数职，您最喜欢的职业是什么？"

"当教师。"

杨福家回答友人的提问，不假思索，简单明了。① "教师是太阳下最光荣的职业。"杨福家恪守教师本色，把教书育人当作自己最大的人生幸福。1993年，杨福家被任命为复旦大学校长。他抱着一颗赤诚之心，努力从一位单纯的物理学者转型为一位校长。他开始深入地关注教育、研究教育，对如何办好学校、抓好教育进行深入的思考。他在复旦大学积极推进通才教育的改革，对盲目引进并已根深蒂固的专业教育体制起到拨乱反正之功，使大学生具有更大的创造性、更好的可塑性，更好地适应经济社会快速发展。同时，他注重培养学生健康的人格。

杨福家积极参加国际教育交流，吸收国外先进的教育理念和教育管理思想。过去他曾作为学者多次出国，主要目的是学术交流；担任校长后他快速转化角色，更注重向那些世界名校的管理者取经探宝，汲取这些著名大学建设和管理的经验和教训。1996年9月，他随由国家教委副主任韦钰率领的，由北大、清华、复旦和上海交大4所大学校长组成的中国高等教育代表团访问了美国，与哈佛大学、麻省理工学院、斯坦福大学和加州大学伯克莱分校等名校的管理层进行了广泛、深入的交流，与这些国际同行结下了深厚、持久的友谊。

$\frac{1}{2}$

---

❶ 应美国卡内基基金会邀请，1996年9月国家教委副主任、中国工程院院士韦钰率中国教育代表团访问美国加利福尼亚州大学伯克莱分校；第一排左二起分别为清华大学校长王大中、加州大学伯克莱分校校长田长霖、韦钰、杨福家，第二排左三起分别为北京大学校长陈佳洱、上海交通大学校长翁史烈等。韦钰当时是教委分管高校"211工程"的负责人。

❷ 1996年10月3日，中国教育代表团在美国"宇宙俱乐部"（Cosmos Club）。这个俱乐部是美国主流社会"精英中的精英"的聚会场所。自1878年建立以来，俱乐部成员就包括3位美国总统、2位副总统、十几位最高法院大法官、36位诺贝尔奖获得者、61位普利策奖获得者和55位美国总统自由奖章获得者。"二战"中，在这一俱乐部成员的私密聚会上曾萌生出研发和制造原子弹的"曼哈顿计划"。左起分别为王大中、韦钰、翁史烈和杨福家。

① 杨福家《追求卓越》，复旦大学出版社1995年版，第237页。

1998年10月5日,联合国教科文组织在巴黎召开"迎接21世纪的高等教育"会议。各国教育部长率领代表团参加,杨福家作为国际大学校长协会的代表参加会议。在闭幕会上,大会主席在总结发言中讲道:为迎接21世纪,高等教育必须国际化;每个公民应该有终身受教育的权利;学校必须以学生为中心。他还讲了"4L"(学以增知,学以致用,学会思考,学会做人),后来又加了两条(学会提问,学会与人相处)。

担任英国诺丁汉大学校长后,杨福家身在西方的教育体制内,洞悉了中外教育的差异,对中国教育体制的短板进行了系统的思考。在中英两国政府的支持下,他创办了第一所中外合作大学——宁波诺丁汉大学,将西方的优质教育资源引入国内。温家宝总理多次和杨福家通信并见面,畅谈教育问题。

为了探索中国教育改革和发展的道路,杨福家积极组织专家进行教育调研。2008年1月6日至8日,在杨福家的提议下,在中山大学高等学术研究中心李华钟教授与南京大学王凡教授的共同努力下,在中山大学召开了一次高等教育座谈会。与会代表来自各国的一流高校、科研机构,都有着丰富的第一线的教学、科研经验,同时对高等教育也有着深刻的理解。杨福家向大家介绍了温家宝总理召开的4次高等教育座谈会的情况,提出温总理对如何培养更多杰出人才、如何提高教育质量、高校如何办出特色以及解决高校贷款方面问题的4个忧虑。杨福家肯定了中国高等教育大发展所取得的举世瞩目的成绩,同时也提出了目前中国教育面临的十大难题。会议围绕这一系列主题进行了热烈讨论,集思广益,形成了许多共识。

杨福家注重向教育界有识之士虚心求教。2010年11月,杨福家到武汉参加第十二届中国科协年会,他特地托人提前联系与刘道玉见面,两人就教育问题进行了一次愉快、有益的对谈。杨福家告诉刘道玉:"我此次到武汉,一个重要的目的就是想见到您,平时看到您的许多文章和访谈,很受启发,希望能够当面听到您对我国高等教育问题的见解。"两人讨论了教育界的一些新动向,并坦诚地交换了意见。

❶ 2007年10月,杨福家以"大学的使命与文化内涵"为题发表演讲。

❷ 2008年1月6日,在中山大学举办的高等教育座谈会上,杨福家谦虚地求教与求共识,引起与会代表的热烈讨论。

❸ 中国高校锐意改革的两位风云人物的历史会面。刘道玉听说杨福家要继续在上海创办诺丁汉大学的消息后表达了祝愿:"福家先生,我真的很高兴,由您领衔创办诺丁汉大学实在是太好了。我相信,凭着您的才华学识、上海的地理优势和您拥有的国际资源,一定能够办出一所有特色的高水平的私立大学。"[①]但遗憾的是,上海诺丁汉大学在筹建中遇到了一些困难。

① 刘道玉《珞珈野火集》,四川人民出版社2016年版,第71页。

2012年，杨福家还受国务院参事室委托，率领代表团到美国考察博雅学院。通过长年的思索和实践，杨福家逐渐形成了系统的博雅教育思想。他认为博雅教育是最好的教育，从此不遗余力地投入到宣传和推广博雅教育理念的各项活动中。

忠诚教育的人，一定是有爱的人，而且这种爱一定会关爱每个孩子，而不是只取悦一个阶层、讨好一所学校。这是无私的爱，博大的爱。杨福家认为健康的教育应该没有任何歧视。每个孩子都是宝贵的，差异不过在于头脑中的火种不同、潜能不同。每一个人都有自己的专长（人无全才，人人有才），每一个人都会有所作为、有所贡献。在教师、家长的帮助下，发现自己——发现自己的潜能——既是学生自己的责任，也是教师与家长的责任！教育给了学生发现自己的机会。我们要努力营造一个环境，真正做到人人平等，做到"三百六十行，行行出状元"，使每个孩子都能点燃自己心中的火种，朝着自己有兴趣、有特长的方向发展。

杨福家认为现在的教育体制把高校分成"一本、二本、三本"有悖于教育公平原则，是一种教育歧视，违背了育人的根本理念。把学生分为"一本、二本、三本"，是对人的不尊重，使一部分学生自感低人一等。他是不是真的低人一等？为什么要用这个标准来区分人呢？杨福家主张取消一本、二本、三本的分类方法，营造"人人感到平等，人人都会有贡献"的氛围。凡是能使学生找到自己火种的学校，能使大多数毕业生感到"这个学校改变了我一生"的学校，一定就是高水平的学校！①

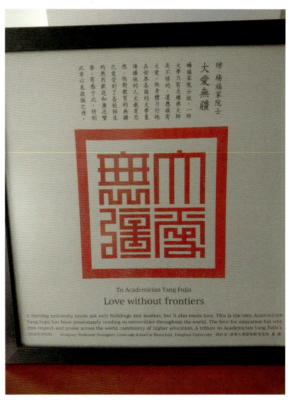

1 | 2

❶ 2016年3月12日，杨福家在武汉举办的"长江论坛"与冯达旋对话，宣传博雅教育思想。冯达旋1964年进入美国新泽西州一所不知名的博雅学院（德鲁大学）读书。但那里的老师告诉他："大概在新加坡时，你的老师一定是把你训练成为一位解习题的机器，那很好。但是我希望当你面临那些非常困难的牛顿力学、电磁学题目时，我们可以一起来问问牛顿是怎么会想到自然界是这么奥妙的，那不是更有趣吗？"这成为冯达旋终生信奉的座右铭。这位老师还告诉他："每天到大学的图书馆去读《纽约时报》的社论。除了读这些社论在分析美国或世界的一些事情以外，更注意它们是怎么用英文来表达作者所要传播的观念！"在这所大学念完4年本科后，冯达旋真正了解到什么是"博雅"。原来"博雅"不止是行动，不止是课程，不止是学习过程，最重要的它是一种"心灵的思维"。这种思维会一辈子陪伴你！

❷ "大爱无疆"篆刻作品。（清华大学深圳研究生院黄维）

① 杨福家《点燃人的心智火焰——中小学，人生的关键时期》，载于《国是咨询》2011年第9期；另见方鸿辉、陈建新《博学笃志 切问近思——杨福家院士的科学与人文思考》，上海教育出版社2016年版，第264-267页。

五、淡泊名利　甘于奉献

2006年6月，中国科学院第十三次院士大会在北京召开。杨福家向大会报到时，得知自己又被数学物理学部的院士们推举为常委候选人。他当即给学部写了一封"陈情书"，请求大家不要推选他当常委。① 因为那几年他正担任英国诺丁汉大学的校长，还要为新生的宁波诺丁汉大学走上正轨而奔波。所以他在"陈情书"中说："因为精力有限，常委会的工作很重要，我不能尽常委的义务，很内疚，希望大家把我的名字去掉。"

有的朋友对此很不理解："现在多一个头衔就多一份荣誉，人家给你一个头衔，并非要求你一定做事，何苦这样认真？"杨福家的态度很坚决：荣誉意味着责任，如果不能尽自己的义务，这个荣誉不要也罢。他正色说道："中国的虚名太多了。比如说我们去某地开会，吃饭吃到一半，就宣布聘其中一部分人为名誉教授。事先根本也没有通知，你不去拿这个证书也不好，但拿了呢也就是一个证书而已。在香港大学就不是这样，他们请我做校长特别顾问，问我同意否，我同意了，马上具有法律效力的正式文本就来了，责任、权利、义务写得清清楚楚。去年我也辞职了，因为别的工作太忙而无法履行这份义务。可是像国内一些高校的类似名头，拿了聘书就忘了，我也不必辞职，因为在很多情况下，它只是一个虚名而已。"

参加会议的院士们都表示理解。为了保证杨福家能把更多的精力投入办学，大家都赞成他的请求。于是，在6月8日数学物理学部常委会的换届选举上，常委会委员候选人杨福家院士意外"落选"，可大家都明白，这是杨福家自己的选择。这只是杨福家淡泊名利的一个片段而已。

1993年，杨福家担任复旦大学校长。为了不辜负师生的信任和期望，他满腔热情地工作，一心只想把复旦大学搞上去。但在现实中却遇到重重困难，难以施展自己的抱负。每当夜深人静时，忙碌了一天的他却辗转难眠。他感到自己在这个职位上很难再有更大的作为，于是决心辞职，希望有更能适应目前局面、更有能力推动复旦大学发展的人来接替自己。1998年8月，他向时任教育部陈至立部长书面提出辞职请求，12月获准，1999年1月正式卸任。后来，他又应江苏省时任省领导邀请创办了江阴培尔学院。但当他发现合作方抱有营利的目的，多处违反协议，他也同样立即终止合作，从培尔学院辞职。

杨福家担任英国诺丁汉大学校长12年，学校在各方面都得到很大的发展。英方一再挽留，哪怕是再续一年也好！但杨福家笑着说："难道你们要让我做13年校长吗？"英方也感到很好笑，便没有再坚持。

现代科学研究都不可能单打独斗，都离不开团队合作。在合作研究成果的署名问题上，杨福家一向非常谦让，倡导"署名要体现合作与友谊"。在丹麦玻尔所留学时，因为外事纪律，他放弃在有美国学者参与研究的论文上署名；他参与翻译了奥格·玻尔的《原子核结构》，也是采用集体署名的方式。有位同事将杨福家的名字排在论文作者的第一位，他把文章交给杨福家审阅时，杨福家笑着"抗议"："你不是把我当作你学生的学生了吗？"因为国际学术界有一条不成文的"法则"：导师与学生发表文章，导师作为通讯作者，名字必须在后。这位同事自己也不好意思地笑了，因为他作为该组负责人，应该署在倒数第一的位置，杨福家作为主要合作者，应该排在倒数第二，自己的学生是主要作者，应该排在第一位。在杨福家看来，论文署名不仅意味着科学家的贡献，而且包含了科学家的合作、友谊、品格，不能仅仅以署名顺序去论定他们在学术上的贡献大小。在杨福家领导下，实验室成为一个团结和谐、充满友谊的集体。②

1	4
2	
3	5

❶ 杨福家为了复旦大学的发展，夙兴夜寐，呕心沥血。图为他与上海市教委副主任魏润柏、复旦大学党委书记钱冬生（前排右）、复旦大学原校长谢希德（第二排左）等一起参加会议。

❷ 1999年1月5日，杨福家、王生洪（右）、秦绍德（左）在复旦大学新老校长、书记交替仪式上。

❸ 1999年1月5日，杨福家在复旦大学新老校长、书记交替仪式上。

❹ 1999年杨福家在培尔学院揭牌仪式上。据陈望道之子、复旦大学电子工程系退休教授陈振新介绍，从培养人才的方面看，培尔学院的办学是成功的。他在退休后赴江阴服务5年，建设了国内一流条件的实验室，很多学生毕业后都直接出国留学，在当时是很不容易的。正是在培尔学院工作期间，陈振新编写了《电子系统设计》《电子测量技术》《数据采集技术》《模拟电路实验》和《数字电路实验》多种教材，实现了自己事业的再次腾飞。

❺ 2019年1月25日，杨福家和老搭档钱冬生在复旦大学春节团拜会上。"欲知松高洁，待到雪化时。"他们曾经一起愉快工作，铸造了复旦大学在20世纪末的发展辉煌。

---

① 原春琳、李健、潘圆《院士辞选中科院学部常委：没时间宁不要荣誉》，《中国青年报》2006年6月8日。

② 吴水清《中国当代著名科学家故事》（中册），贵州人民出版社1998年版，第36页。

第八章 立德树人 爱国奋进

ANALYSIS OF A HIGH-T_c SUPERCONDUCTOR BY HIGH-ENERGY ELASTIC BACKSCATTERING

WU Shiming, CHENG Huansheng, ZHANG Chengteng, YAO Xiaowei, ZHAO Guoqing, YANG Fujia and HUA Zhongyi

Fudan University, Shanghai, PR China

High-energy ion backscattering can be used to enhance the sensitivity of oxygen analysis. At a He^{++} ion energy of 8.8 MeV, the yield due to oxygen is about 25 times larger than that predicted by the Rutherford formula. The elemental stoichiometry of some bulk and thin-film superconductor samples was determined. The details of the measuring method are described.

1. Introduction

It is essential to accurately determine the elemental composition in producing well qualified high-temperature superconductor (HTS) thin films. Low-energy Rutherford backscattering spectrometry (RBS) is generally rapid, quantitative and depth-sensitive but not applicable to direct oxygen determination in HTS materials, because the scattering cross section from oxygen is relatively low compared to those from heavy elements and the oxygen peak rests on a high background. For the analysis of oxygen in HTS material, the nuclear reaction $^{16}O(d,p)^{17}O$ has to be used [1].

In the case of higher-energy incident ions, resonant non-Rutherford backscattering can be utilized to enhance the sensitivity for some light elements. At 8.8 MeV the scattering yield due to oxygen is large, even comparable with that due to heavier metallic elements [2]. This makes it possible to analyze oxygen as well as other elements simultaneously. The absolute accuracy of the determination of the oxygen content from such a high-energy ion backscattering spectrum ultimately depends on how accurate the cross section is known.

2. Principle and experimental

The sensitivity and accuracy of RBS for stoichiometric determination in films depend on both the relative magnitudes of the scattering cross sections of each element and the precision of the cross sections. Calculated Rutherford cross sections adequately describe He^+ ion scattering from most elements for incident energies below about 2 MeV and this fact is the basis for the quantitative accuracy of RBS.

To determine the elemental composition of HTS films from a spectrum measured by high-energy ion backscattering, first the oxygen cross section for the particular incident beam energy and scattering angle of interest must be determined. It is also important to check whether the scattering cross sections at high energy for other elements such as Cu and Y are still predictable by the Rutherford formula.

Some thin-film standards were used to calibrate the ratios of scattering cross sections for several HTS-related elements. Each standard sample consisted of two elements which had been evaporated with an electron beam onto a pyrolytic graphite substrate. The thickness of the film was about 0.1 μm. For each sample, a 2 MeV RBS spectrum was measured and the elemental peaks were integrated to obtain the count ratio A_A/A_B of atoms A and B in the film. The ratio of the elemental concentrations, N_A/N_B, in the sample was then determined by calculation of Rutherford scattering cross sections. This procedure sets up a thin-film standard of known elemental stoichiometry, which is then used to derive the scattering cross-section ratio σ_A/σ_B at higher energy.

3. Results

This work was carried out at the Accelerator Laboratory of the Institute of Modern Physics, Fudan University. An 8.8 MeV He^{++} ion beam from a 3 MV tandem (9SDH-2, NEC) was applied to perform the backscattering experiment. Fig. 1 shows the results of this procedure for the case of He ion scattering from O and Ba in the energy range 8.2–9.1 MeV. An annular surface barrier detector was used with a solid angle about 0.5 sr. The solid line in the figure, 0.018 in value, is the ratio of the Rutherford cross sections at 160°. In the energy range from 8.55 to 8.80 MeV the ratio varied smoothly with the value between 0.460 and 0.453; the increased sensitivity of oxygen at this energy range is then about

杨福家对他人的知识、他人的劳动与创造极为尊重。[1] 他经常提起采访和报道过他的记者和作家，如毕全忠、吴春燕、曹继军、方鸿辉、江世亮、王耀成、许琦敏、刘华蓉等。他讲自己很少，讲得最多的总是别人。2006年他在写《我最有成就感的14年》时，谈自己在核所的工作，2001年在写《上海光源是怎么成功的——国家利益至高无上》时，谈上海光源建设，都很少写自己，总是写别人的工作，总是写别人对自己的帮助。实际上没有他的奉献，这些工作怎么可能做好？所以，当《我最有成就感的14年》发表后，原中国科学院秘书长、基础局局长钱文藻感叹杨福家的功著身隐，特地写信给他："杨先生您的文章引起了我许多回忆，从周院长介绍您的成就并要求我全力支持您的工作，到多年了解原子核所科研工作所能体会到的您所做出的重大贡献，您在文中谈得太少或几乎没有谈。原子核所今日的发展凝聚了您14年的心血，现在我更能体会到周院长邀请您来支持原子核所工作的英明。"[2] 杨福家的工作有的是涉及国家机密不能说，有的是因为他谦虚不愿说，所以很少有人真正了解他为我国教育和科技事业的进步而做出的巨大贡献！

淡泊名利，所以奉献。杨福家从来就不计较个人得失。1984年，杨福家到西北边疆某基地工作，冒着零下30度的严寒，在艰苦的环境里连续工作了几个月。任务完成后，几个科学家乘坐大卡车离开基地，裹着破旧的军大衣，一个个蓬头垢面、衣衫褴褛，看上去和旧时逃难的难民没什么两样。他常常应邀到国外名校和科研机构工作，待遇是当时国内的几百倍，但常常因国内的工作需要而提前离职，他毫不留恋。

淡泊名利，所以讲诚信。杨福家非常注重知识产权的保护，如果是引用别人的观点，他一定会说明来源。他非常注重科学诚信。他经常强调复旦校训"博学而笃志，切问而近思"中第二个字"学"与"问"最为重要。他每次都会不厌其烦地补充："这个版权不属于我，属于李政道。李政道在复旦大学建校90周年时来复旦大学，在为复旦校训墙揭牌的时候说，他最欣赏的是每句话中的第二个字，学问、学问就是学习问问题。"他在美国出版著作，有几张照片是在访问美国实验室时对方赠送的，很多报刊都用过。但在出版时，他仍一一联系负责人征求同意，并在赠送的照片下方表示感谢。

淡泊名利，所以敢讲真话。他面对国内高校大搞合并扩张、圈地建楼、扩大招生等现象，挺身而出，拍案而起。他凭着科学家的良知，凭着教育家的责任感，疾声呼吁，不怕得罪那些好大喜功的领导，不在乎自己会不会被穿上"小鞋"。欲为国家除弊事，肯因祸福趋避之？在杨福家的身上充分展现了中华爱国知识分子应有的风骨。

淡泊名利，所以潇洒。2018年9月，复旦大学动员年纪大的院士和资深教授退休，但在不少院系都遇到阻力。杨福家听说便带头办理退休手续，不提任何附加条件。他表态说："我一直主张教授一定要站讲台上课。既然我现在不再上课了，我就应该退休。"老校长都退休了，其他的老先生都更没有理由了，于是这项工作得以顺利推进。

杨福家对金钱看得很淡，他多次将自己有限的收入捐出来，在格致中学、英国诺丁汉大学、宁波诺丁汉大学和复旦大学都设立了奖学金，资助和奖励刻苦学习的学子完成学业。对这些奖学金，他全部不让冠名、不让宣传。古人有言："好德乐善而无求。"（宋·王安石语）此不亦杨先生之谓乎？

● 2010年5月28日，杨福家参加"相约名人堂——与院士一起看世博"活动。右二为活动主持人《文汇报》科技部主任、高级记者江世亮。

---

[1] 杨福家《尊重知识，保护知识产权》，《文汇报》2000年1月13日。
[2] 杨福家《走近一流学府》，八方文化创作室2009年版，第251页。

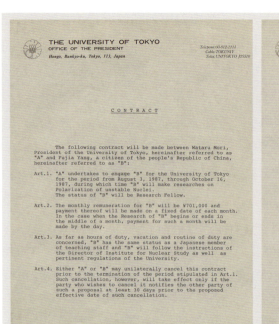
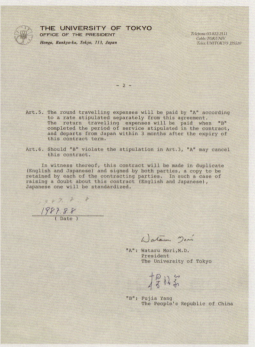

1	
---	3
2	

❶ 日本东京大学聘请杨福家的工作合同标明薪酬为 70.1 万日元。

❷ 杨福家和李政道在英国诺丁汉大学，摄于 2006 年 7 月 17 日李政道八十寿辰之际。

❸ 杨福家在英文专著 *Modern Atomic and Nuclear Physics*（《现代原子和核物理》）中引用的图片。

第九章

胸怀家国　情系教育

"百年大计，教育为本。"国家的兴旺发达，离不开教育，离不开广大教育工作者的无私奉献。杨福家热爱祖国的教育事业，长期以来，他顺应国际教育发展的潮流，为中国教育的改革发展积极建言献策，推动了教育观念的转变和人才培养模式的改革，促进了教育政策的完善发展和教育制度的创新。杨福家放眼世界，立足未来，与时俱进，一心为党为国办好人民教育，无愧于"人民教育家"的光荣称号。

一、总理座谈　进言教育

21世纪以来，杨福家多次参加中共中央政治局常委、国务院总理温家宝召开的教育座谈会。2012年2月7日，杨福家还参加了温总理主持召开的就政府工作报告征求教科文卫体界人士意见座谈会。参加那次座谈会的有10位教科文卫体界人士，杨福家作为复旦大学前校长、英国诺丁汉大学兼宁波诺丁汉大学校长第一个发言。这位76岁的教育家，迫切地诉说着他的办学梦想："我希望建立一所一流的国内民办大学。这所大学坚持以育人为本，以学生为中心，培养学生能独立思考、自由表达、敢于争辩、追求真理，把国家和人民的利益放在第一位；建住宿学院，有一批德高望重的教师与学生住在一起，担任导师；以小班教学为主、讨论为主，教师与学生在课堂上有同样的发言权，重视第二课堂，建立丰富多彩的学生社团，广泛参加社会实践，培养学生广阔的视野。希望通过办一所公益性、新机制、高起点的民办大学，为高等民办教育闯一条新路。我建议政府工作报告要鼓励和引导社会资本进入各级各类教育。"

对杨福家这一多年的愿望，温家宝十分理解。他说，其实，将来兴办的高起点民办大学不只是一所，可能会有若干所。民办大学要依法准入，其享受的政策应该同公立大学一样。这也是鼓励民间资本、民间人士兴办教育，包括进入医疗领域，政府主要是把好准入、做好监管。这是一件很有意义的事情。他说，今天谈的社会事业非常重要，我们发展的目的是为了满足人民日益增长的物质文化需求，这不仅包括衣食住行，也包括文化、健康和安全。从这个角度看，政府工作的中心就是民生。①

时隔7年，2019年1月18日，中共中央政治局常委、国务院总理李克强主持召开座谈会，听取教科文卫体各界人士和基层代表对《政府工作报告（征求意见稿）》的意见建议。复旦大学前校长、宁波诺丁汉大学校长杨福家院士受邀出席并建言献策。会上7位代表（3位来自教育系统）结合各自工作，对政府工作报告提出意见建议。杨福家以"高等院校　各尽其职"为题，提出要面向国家需要发展多种类型的高等院校。

高等院校　各尽其职

办好大学是服务国家，使国家强大的关键之一。但国家需要的是多方面的人才，相应地，我们需要多种类型的高等院校。

在发达国家，大学分为3类：研究性大学、一般性大学及职业院校。

我们，包括学生、家长，往往把眼睛盯牢研究性大学，如北大、清华、复旦、交大这类国内的大学或哈佛、耶鲁、牛津、剑桥这样的国外大学。这是很不妥当的。

举一个具体的例子。1979年5月16日，我的导师、国家一级教授卢鹤绂接到美国斯沃司莫尔学院的邀请，去该校讲学一年。当时的校领导大为不快："堂堂国家一级教授去这种无名小学校，丢脸，丢脸！一级教授应去哈佛、耶鲁这样的大学。"

后来国务院参事室要求我带队去美国看看这样的学校，特别是斯沃司莫尔学院。当时我已去过美国不下数十次，却从来没有去过这样的学校！

这次访问使我收获颇丰。我懂得了高等院校分为3类：一类是研究性大学，如美国的哈佛、耶鲁，英国的剑桥、牛津；第二类是高等职业学院；第三类是一般性大学。当时，我们大多数人，包括我，对研究型大学充满敬意，对职业型院校是看不起，对一般性大学是不了解。通过这次访问，我们懂了：最好的本科院校是威廉姆斯学院（成立于1793年），第二名是阿姆赫斯特学院（成立于1821年），上两所学院都在美国名城波士顿。第三名是邀请卢鹤绂教授去任教的斯沃司莫尔学院（成立于1864年，在美国费城）。而在本科排名中，哈佛排在第8名，耶鲁排在第10名！

我国的学生如果在高中毕业后进了高等职业学院，家长一定很恼火。很巧，我去美国时去看望我的一位外甥女，她对我说，她女

---

① 张旭东《温家宝主持召开座谈会听取各界人士对政府工作报告意见和建议，李克强等参加》，《人民日报》2012年2月13日；《"政府工作的中心是民生"——温家宝总理就政府工作报告征求教科文卫体界人士意见座谈会侧记》，《人民日报》2012年2月14日。

1	2
3	4

❶ 李克强主持召开教科文卫体界人士和基层群众代表座谈会，听取对政府工作报告的意见建议。

❷ 2012年4月4日，杨福家访问威廉姆斯学院，与亚当·法尔克校长（Adam F. Falk）合影。该校成立于1793年，位于美国文化名城波士顿西面200多公里的地方，占地2 730亩，在美国博雅学院排行榜排名第一。

❸ 斯沃司莫尔学院一角。该校在美国博雅学院排行榜排名第三。该校建于1864年，位于美国历史名城费城郊区，占地2 400亩。我国国家一级教授、复旦大学卢鹤绂院士20世纪80年代曾在此任教。

❹ 美国烹饪学院。哈佛大学世界闻名，美国烹饪学院也是世界有名：全世界共有71位烹饪艺术家，其中7位毕业于美国烹饪学院。该学院有句名言："我们讨论美餐，世界会聆听。"在美国，类似的高等职业学校还有纽约服装学院，它培养了不少世界有名的服装设计师。这些服装设计师在社会上的地位、在人们心目中的声望以及他们的个人收入都不低于诺贝尔奖得主。（杨福家《中外职业教育观之差异》，《求是》2009年5月1日）

儿可以进哈佛，但她却进了一所烹饪学院（该校的录取率为10%，与哈佛的录取率9.3%相近）。由于我外甥女在美国已有相当长的时间，因此她可以理解。结果，她女儿以优异成绩毕业，后来到著名的四季旅馆工作，专做艺术蛋糕，她头脑中的火种已被点燃！学生的差异不在分数，而在火种，找到自己头脑中的火种，他（她）就腾飞了。

结论：

我们国家是不是应该把高等院校分分类，国家除大力支持研究性大学外，还应大力扶植、支持一般性大学和高等职业学院？！社会对教育的需要是多样化的，我们的高等院校是否也应该多样化地发展！

事实上，我现在兼任宁波诺丁汉大学校长，在2004年建校时就明确我们是一般性大学，贯彻的是博雅教育。10年后就被教育界认可了，其标志是2014年北大校长与副校长两位院士带了10位教授，并邀请复旦大学等高校到宁波诺丁汉大学召开第一届博雅教育会议。

进宁波诺丁汉大学的学生质量越来越高，离开学校的学生的出路也越来越好，有的进世界名校深造，有的进世界知名企业工作。

这是我国大发展给我们的机会。

李克强总理认真倾听、积极回应。他说，教育关乎每个家庭和国家未来，要继续提高人均受教育年限，提升全民素质。大力发展职业教育，推动高校多样化发展，保护好学生的创造"火种"，为各行各业培养更多创新人才。要更好地激发科研人员的创造潜能，加强基础研究，突破制约发展的瓶颈技术，提升综合国力，造福人民群众。

出席总理主持的会议，对杨福家来说并不是第一次。但"这次会见，总理十分重视。4位副总理全部参加，这是我生平首次遇到。刘鹤副总理坐在我旁边，孙春兰副总理会后对我说：'你讲得特别好。'"

会上，李克强总理表示自己有杨福家校长的《博雅教育》一书，杨福家说那是第三版，现在已经出了第四版，回去后会马上将《博雅教育》最新版送给总理。总理欣然接受并表示感谢。回沪后，杨福家就将《博雅教育》和《博学笃行　福家报国：杨福家传》寄往北京，没过几天，李克强总理就委托秘书打电话向杨福家表示感谢。

二、教育优先　科教兴国

杨福家一直呼吁"强国先强教"。要建设社会主义现代化强国，一定要振兴教育，在教育改革方面，拿出更大的作为。

杨福家说，要了解美国，必须了解美国的教育。美国是大国、强国，它首先也是教育大国、教育强国。在美国独立（1776年）140年前就有了哈佛（1636年），后来又相继创办了耶鲁（1701年）、普林斯顿（1746年）和哥伦比亚（1756年）等大学，它们都是世界一流的大学。美国在第二次世界大战中有3件"法宝"——雷达、火箭和原子弹，就分别和3所大学（分别是麻省理工学院、加州理工学院与芝加哥大学）紧密相连。美国是"强国先强教"的典范。当今世界前20名顶尖大学中，80%来自美国；1930年以后，60%以上的诺贝尔奖得主出自美国，美国80%的高技术企业的诞生源于美国大学的研究成果。仅麻省理工学院一所大学，就孕育了4 000多家公司，创造了110万个就业岗位，这些公司的"GDP总值"可排到世界第24位，真正是"富可敌国"！斯坦福大学首创高校工业园区（即举世闻名的"硅谷"），更是孵化了IBM、惠普、柯达、英特尔、苹果、谷歌等一批又一批称雄世界的高科技公司。如果没有一批世界一流的大学，美国今天也不可能成为世界超级强国。

杨福家对26年前在复旦大学接待以色列总理拉宾的情景记忆犹新。当时拉宾自豪地说："以色列只有550万人口，领土的60%是沙漠、90%是干旱地，但我们是农业强国、高科技强国。"确实，以色列出口产品中高技术产品占了80%！杨福家向拉宾请教："以色列为什么如此强大？"拉宾自豪地回答："以色列有7所一流大学。"确实，以色列对教育的重视闻名于世。以色列在建国前25年就成立了希伯来大学（1925年），创建该校的首任校长魏茨曼后来成了开国总统。以色列在教育上的年投入十分巨大，一度占到GDP总值的12%。[①] 近年来，以色列科学家更是接二连三地荣获诺贝尔奖，他们都是在以色列的高等院校获得博士学位，并且在以色列本土工作的科学家。2004年获诺贝尔化学奖的两位科学家（阿龙·切哈诺沃、阿夫拉姆·赫什科）都在希伯来大学获得博士学位，然后任教于以色列

---

① 以色列教育经费支出占GDP总值目前维持在8%左右，仍超过世界平均水平。我国教育占比目前保持在不低于4%的水平。

理工学院(成立于1924年),他们是以色列第一次在本土实验室内诞生的诺贝尔奖得主;还有一位是获2009年诺贝尔化学奖的女科学家(阿达·尤纳斯),她在魏茨曼科学研究院(成立于1934年)获得博士学位后在该校执教。这3位科学家获取学位以及工作的单位都是世界一流的高等学府。可以说,希伯来大学、以色列理工学院、魏茨曼科学研究院、本-古里安大学和特拉维夫大学是以色列拥有的5所世界一流大学,这5所大学使以色列在中东地区异军突起,它们被誉为以色列皇冠上的5颗珠宝。

1997年7月香港回归,"国际高等教育领导人论坛"在香港城市大学举办。杨福家和北京大学、清华大学、上海交通大学、西安交通大学、南京大学、浙江大学等各大学校长一起出席了这次会议。香港特别行政区首任行政长官董建华先生在论坛上发表了近半小时的演讲,详尽地阐明了特别行政区的教育方针、政策和具体措施。他强调"教育主宰香港社会的未来",认为"投资在教育事业,最能确保香港有更美好、更光明的前景"。

必须办好本土教育,培育科技自主创新的丰厚土壤。近几年发生的很多事件警醒我们,必须着力增强自主创新能力。习近平总书记告诫我们:"关键核心技术是要不来、买不来、讨不来的。"这要求我们必须矢志不移地坚持自主创新。自力更生、艰苦奋斗,是我们的优良传统。老一代科技工作者在过去艰苦卓绝的条件下,协力攻关,打破了国外的技术封锁,创造了"两弹一星"的辉煌成就。还有什么难关今天不能攻克呢?自主创新是我们攀登世界科技高峰的必由之路。我们一方面必须坚定创新信心,不可妄自菲薄;另一方面,我们也必须时刻充满危机感。现在任何科技创新都是系统工程,涉及跨学科、跨机构、跨平台的协同创新,创新链条中环环相扣,任何一环都不能"掉链子"。而整体的创新能力往往受制于"木桶"最短的那块板。这样的短板我们还有很多,要完全消除这些短板,只能依靠我们高等教育和职业教育全面、整体进步。

$$\frac{1}{\frac{2}{3}}$$

❶ 杨福家接受孩子们的献花,并高兴地戴上红领巾。

❷ 以色列总理拉宾访问复旦大学。

❸ 1997年7月3日,参加"国际高等教育领导人论坛"的中国大学校长喜听香港特别行政区首任行政长官董建华谈教育。左起分别为陈佳洱、王大中、张信刚、董建华、杨福家和潘云鹤。

第九章 胸怀家国 情系教育

三、一流大学 重在特色

杨福家认为大学要办出自己的特色,使命不明确、没有特色的学校是没有前途的。

1994年我国开始建设"211工程",1998年又开始建设"985工程",其出发点都是想推动中国建设一批世界一流大学。在"211"工程和"985"工程实施过程中,中国的大学无不以研究型、综合性大学为奋斗目标。杨福家提出,靠高校合并、征地扩建、盲目扩招等手段,并不能建成世界一流大学。高校发展必须考虑高等院校的结构平衡,不必一味求大、求全。只要有自己的特色,一样能成为一流名校。

加州理工学院是世界顶尖大学之一,曾连续5年世界排名第一。[1]该校创办于1891年,按照我们的标准那实在是太小了:学校只有200多名教师、2 000多名学生,校内唯一的一幢"高层建筑"是图书馆。但这所学校有一个明确的宗旨:"培养具有宏观眼光和创新品质的人才。"该校坚持"以人为本"的教育理念,坚持"小而精"的办学特色,前后竟然拿到30多个诺贝尔奖!中国"第一号"科学家钱学森,是加州理工学院1939年的博士;著名遗传生物学家谈家桢,在加州理工学院摩尔根实验室学习,1936年获得博士学位;中国核物理研究和加速器建造事业的开拓者赵忠尧是加州理工学院1930年的博士。该校负责设计"二战"中使用的90%的火箭,对战胜法西斯起了一定作用。加州理工学院的大师级人物摩尔根,是现代基因学的奠基人,他和他的3名学生都获得了诺贝尔奖。[2]加州理工学院是世界顶尖的大学,但它不叫大学,而叫学院。小学院做大学问。小而精,是它的特色,是它的文化。它是单一的理工学院,闻名世界的也就是航天航空、生命科学、天文与物理。我们有什么强有力的措施保证有几个学科闻名于天下或对国家建设做出巨大贡献?

著名的普林斯顿大学,连续8年美国大学排名第一,超过哈佛大学。有人认为一流大学的研究生数量一定要超过大学生,一定要有医学院,一定要是综合性大学。这些话对于普林斯顿大学都不适用。普林斯顿大学目前仅有6 677名学生,其中4 678名大学生、1 999名研究生;2006年该校仅授予277个博士学位,151个最终的硕士学位(硕士毕业为止,不再继续攻读);全日制学生与全日制教师之比为5∶1;而且没有医学院,也没有法学院与商学院(目前中国名列前茅的一流大学几乎都有商学院、医学院和法学院);研究生也不过是学生总数的30%。但普林斯顿大学绝对是世界顶尖的大学,它伟大在哪里?普林斯顿大学有25位诺贝尔奖得主(其中17位属物理学)和12位菲尔兹奖得主(数学界的诺贝尔奖;美国共24名获奖者,名列第二的法国共11名获奖者),特色鲜明,学术氛围自由又宽容。

---

[1] 从2012年到2016年,加州理工学院连续5年位列泰晤士高等教育(THE)世界大学排名第一。
[2] 杨福家《点燃学生的创造火花》,《新民晚报》2004年1月21日;另载于杨福家《中国当代教育家文存·杨福家卷》,华东师范大学出版社,2006年版,第152页。

办学要有特色，特色文化就好比餐馆中的王牌菜。杨福家很欣赏华中科技大学的物理系（它的"王牌菜"是引力专业）、中国科技大学（它的"王牌菜"是量子信息），中国其他高校很少能在这些方面与它们媲美，这就是它们的特色。北京大学、复旦大学、南京大学等原本就是综合性大学，而其他一些理工科大学、师范大学就不一定都要丢掉自身的特色而朝综合性方向发展。只要结合时代、地区和行业的特点，找准定位，形成特色，适应经济和社会不断发展的需要，这样的大学一定是不可替代的、一流的大学。

● 2007年杨福家在"文汇讲堂"从乳腺癌检测讲到中国大学的特色。他说，没有特色的小公司是不能生存的。如今，每家医院都懂得特色的重要，最近华山医院纪念100周年，他们在总结自己医院的特色。此外，餐饮业也懂得特色的重要性，世界上有名的饭店都有王牌菜。但让人弄不懂的是，中国高校的特色为什么没有了？

四、以人为本　人人成才

什么是一流大学？建立一流大学不是靠校舍、大楼，主要靠更高水平的科研成果，靠对社会做贡献，靠培养一流人才。博雅教育主张"以学生为中心，把育人放在一切工作的首位"、提倡"小班课为主的第一课堂"都体现了这个理念。

当前国内大学建设中突出的问题就是软硬件建设失衡。高校的大楼、教学设备等硬件建设普遍得到改善，其中不乏豪华建筑，条件之好甚至远超国外一流大学。不少大学还都建有好几个校区，但相隔甚远，不得不开班车，教师、学生大量的时间浪费在路途上，这与当今先进办学理念背道而驰。大学的软件建设则被严重忽视，"人"的因素没有摆在第一位，很多规章制度、条条框框也不利于充分发挥各种人员的积极性，优秀的教学科研和管理人才难以脱颖而出，大学变得没有特色、没有文化内涵。杨福家考察了很多大学城、很多名校新建的校区，但看到的只是漂亮甚至豪华的建筑，但却没有人气，丧失了这些名校原有的优秀文化传统，感觉并不好。所以有学者和杨福家说："我们的大楼建设，没有考虑到人性化、学术化设计以及以教授、科学家为中心的管理。没有以人为本的思想，再多楼也发挥不了作用。"

其实，要有了"人"，即有了杰出的大师，有了勤奋的学生，学校的科研水平、办学质量自然就上去了。习近平总书记在中国科学院第十九次院士大会、中国工程院第十四次院士大会讲话时指出："功以才成，业由才广。""世上一切事物中人是最可宝贵的，一切创新成果都是人做出来的。硬实力、软实力，归根到底要靠人才实力。全部科技史都证明，谁拥有了一流创新人才、拥有了一流科学家，谁就能在科技创新中占据优势。"这有力地纠正了过去热衷于建造标志性工程的错误做法。梅贻琦曾说："所谓大学者，非谓有大楼之谓也，有大师之谓也。""勿徒注视大树又高几许、大楼又添几座，应致其仰慕于吾校大师又添几人。"① 实际上，20 世纪最重要的科学发现，如相对论、量子力学和基因双螺旋结构等，都不是在物质条件最好的国家和实验室中产生的。② 东京大学的物理系楼房陈旧，走廊里堆满仪器设备。哈佛大学有 300 年历史，校舍远不如我们一些新装修的大学漂亮。1984 年杨福家的好友艾里克·布洛尔斯（Alec Broers）教授从美国来到英国的剑桥大学，一看到剑桥的校园颇有些沮丧，七八百年的房子又老又破，美国的大学校园可比剑桥漂亮多了。可是过了一周他却不想离开了，为什么？因为在这里他见到了世界一流的大师，这里浓厚的学术氛围深深吸引了他。布洛尔斯教授在纳米科技领域成就非凡，后来担任剑桥大学校长多年（任期为 1996—2003 年）。

只要受到充分信任，一位杰出的科学家往往就能提升一所大学的地位。1951 年诺贝尔化学奖得主、美国核化学家西博格就使加州大学伯克利分校跃居世界名校行列。而康涅狄格州立大学成为世界克隆研究中心则依赖于华人教授杨向中的努力。该校在克隆动物方面并无坚实的基础，但杨向中推心置腹地与校长进行了一次长谈，提出一个总共需要花费 800 万美元之巨的研究计划。校长听后说："教授工资，为新来教授安排的实验办公用大楼，加上启动费，估计约需 2 000 万美元，让我考虑一下。"完全出乎杨向中教授的意料，这位校长在不到 24 小时的时间内，对这位出生于中国农村、毕业于中国农业大学、当时还身患癌症的科学家给予全力支持，有远见、有魄力的果断支持，敢冒风险的关键支持！杨向中教授感受到深切的关爱，知识分子最为需要的关爱。他勤奋工作，终于异军突起，于 1998 年成功克隆出世界上第一头雄性克隆牛，1999 年生产出美国第一个来自成年牲畜的克隆动物，用实验回答了为什么已有克隆动物未老先衰的道理，一举闻名于天下。杨向中教授在动物克隆、体细胞重编程、胚胎干细胞，特别是核移植产生的胚胎干细胞等相关领域取得了诸多世界第一的成就，使得康涅狄格州立大学跃居美国州立大学前列。③

知识分子最需要的是信任和尊重。④ 正如王沪宁在获得复旦大学"杰出教授"荣誉后写信给杨福家所说："我觉得作为一位复旦人，最需要的是信任、理解、支持和关心。'给年轻人以机会，给全体人以关怀'，应该成为整个复旦的一项基本方针。有了这些，无论有多大困难和挫折，众往之，众持之。如果没有的话，即便有再好的条件和机

---

① 刘述礼、黄延复等《梅贻琦教育论著选》，人民教育出版社 1993 年版，第 10、24 页。梅贻琦（1889—1962），中国首批庚款留美学生，1931 年开始担任清华大学校长，抗战期间组建并主持西南联大。1955 年到台湾创办了新竹清华大学，担任校长直至去世。
② 《周光召院士指出中国科技界自身存在诸多弱点》，中国新闻社，2001 年 9 月 14 日。
③ 杨伯芳、李新光、谢再起《世界"克隆牛之父"杨向中》，中国农业大学出版社 2013 年版，第 143 页。
④ 江世亮《信任是最强的凝聚剂——杨福家教授以亲身经历谈国家领导人对知识分子的信任》，《文汇报》2006 年 11 月 28 日。

会：众退之，众却之。复旦人应该共同来培植这样的氛围，让全体复旦人工作和生活在一种和谐和向上的氛围之中。"（1994年9月1日）① 现在一讲到人才，就离不开"引进"，"筑楼引凤"也成为"盖大楼"的借口。杨福家说如果不理解和尊重在艰苦环境下不计报酬地努力工作并做出贡献的优秀知识分子，"引入一人，得罪一片，实在得不偿失"。"要以党的方针政策尊重知识、尊重知识分子。如果对现有的人才都不屑一顾、不予尊重，怎么去吸引新的人才？""有了好的环境，才能吸引人、留住人。"② 引进外来人才，不能靠大楼和高薪，主要还是要靠创业的氛围，对人才的尊重和信任。"我相信知识分子，不管老的也好，年轻的也好，钱、房子、车在他心目中间从来不会是第一位的。有了基本的生活保证，那么真正搞学问的人不会有非常高的追求。当他追求什么呢？他们都希望自己的人生价值能够在这里体现，感到人家是了解我的、是被信任的。""我们怎么尊重自己的公民，我们怎么尊重在外面的科学家，他们回来后，你怎么给他温暖、给他信任。我相信迟早他们会回来的。""我们作为领导也好，大领导、小领导，都应该树立一个观念，他们是我们的同胞，不管他有没有加入美国籍，这都不重要，我充分相信这些人都会向往祖国，迟早会以各种各样的形式为国家服务。"③

❶ 1998年6月25日，杨福家访问剑桥大学时与校长布洛尔斯交流。他告诉杨福家，剑桥留住人不是靠工资，而是靠浓厚的学术气氛和宽松的发展环境。

❷ 2008年9月18日，杨福家在剑桥大学横跨康河的叹息桥前。据说"叹息桥"得名缘于剑桥大学的毕业考试很严格，考试通不过、拿不到文凭的学生往往来到这里叹息、流泪、后悔莫及。也有人说，之所以叫"叹息桥"，是因为校方总是让犯了错误的学生来到这里面对河水反省（作为一种惩罚），学生反省之后常常叹息、后悔不已。这可能都只是些传闻而已。④ 剑桥大学倡导以人为本，充满人文关爱。诗人徐志摩于1920年10月到1922年8月游学剑桥，这一时期是他一生的转折点。他说："我的眼是康桥（即剑桥大学）教我睁的，我的求知欲是康桥给我拨动的，我的自我意识是康桥给我胚胎的。"他在那首著名的《再别康桥》里深情地写道："在康河的柔波里，我甘心做一条水草！"

❸ 2006年5月16日，（左起）杨向中、杨福家与李昌钰合影。他们呼吁中国在发展干细胞与再生医学研究方面加强国际合作。2009年2月5日，杨向中教授在美国因病去世。杨向中1997年被诊断为副腮腺癌，此后的12年，杨向中教授以惊人的毅力与病魔抗争，经历了7次手术的考验，却仍然乐观向上、奋斗不止！在照片中可以看到杨向中脸上留下术后的疤痕。

❹ 2006年7月10日，杨福家和英国诺丁汉大学坎贝尔（Keith Campbell）教授在一起，他因克隆羊做出的贡献而获得2007年邵逸夫奖。

---

① 王沪宁《政治的人生》，上海人民出版社1995年版，第161页。
② 杨福家《怎样吸引人才》，《文汇报》2000年4月28日。
③ 《自主创新与造就杰出科技人才》，《文汇报》2007年11月18日。
④ 据说该桥因为和意大利一座通向监狱的"叹息桥"在外形和结构上十分相似，因此而得名。

杨福家反对大学盖超高大楼,但绝对不会反对学校为满足教师、学生因学习、研究而需要建造的人性化大楼,而且智力集中的高校应带头建造生态节能型大楼。2003年11月18日,美国德克萨斯大学有一个重大的仪式,庆祝两幢大楼同时开工:一幢是德州仪器公司投资30亿美金在学校旁边建设2层大楼,这是一个芯片工厂;另一幢是投资8 500万美金在校园内建设一幢4层建筑,建成后它将用于自然科学与电气工程研究,发展纳米科学以及其他交叉学科,在这幢大楼,各交叉学科的科研人员容易接触,相互来往,交流学术思想。就在大楼开工仪式前,学校在 Science 上发表了一篇纳米科学的研究文章。目前这幢大楼是美国最先进的大楼之一,高校应该按照需要多造实用的高科技大楼。

建一流大学经费投入当然很重要,但不能一味拿钱去搞什么形象工程、标志性工程,而应用于攻克科研项目,建设一流专业,培养大师,培育人才。

杨福家在2002年9月6日于成都举行的中国科技协会年会上,以"一流大学需要大楼、大师与大爱"为题,集中阐述了他的"以人为本"的观点。他认为,让人们拥有安心工作的环境,这就是大爱;营造一个以人为本的氛围,这就是大爱。一流大学一定要有一种宽松、宽容的环境,要有一批精心育人、无私奉献的大师,校园里充溢着"以人为本"的爱心。

杨福家在《有大爱才有一流大学》一文里,讲了两个很好的例子。他说:"我们以普林斯顿大学为例,我在不同场合讲过它的两个故事:一个是它的一位教授迷上了费马大定理,8年之间不担任教学,也不搞其他科研,一心钻研费马大定理,最后终于解决了这个难题,为数学做出了重大贡献。8年之间,普林斯顿大学可以容忍他沉迷于自己的兴趣而不承担任何其他教学科研任务,这在中国可能吗?还有一个故事更有名,后来被改编成电影《美丽心灵》,原型是普林斯顿一位大学教授纳什,因为精神刺激而疯癫,但学校30年间一直容忍他的存在并不断关怀他,后来这位教授获得诺贝尔经济学奖,他和普林斯顿大学的故事感动了全世界。普林斯顿就是典型的有大师、有大爱,所以它能成为世界一流。"

一流大学的使命应该是让每个学生都成为杰出人才。1986年,哈佛大学校长德里克·博克(Derek Bok)在哈佛350年校庆讲话时说:"哈佛最值得夸耀的,不是获得了多少诺贝尔奖、培养了多少总统,而是使进入哈佛的每一颗金子都发光。"牛津大学、剑桥大学等世界名校的办学思想,都是开发学生的潜能,激励个人的创造精神,点燃学生头脑中的火种。法国巴黎高等师范学校,既不叫学院,也不叫大学,而是叫学校,我们最看不起的名字,却把它保留下来,不愿意更改,但它是世界一流大学。它的校长在北京说过一句话:"学校的任务是发挥学生的天才。"杜克大学校领导明确指出,"杜克大学不是富人的子弟学校;杜克录取新生时,不考虑学生的家庭贫富。学校每年用5千万美元使40%学生得到资助"。并要求"所有教员对学生的教育必须扩大到道德层面,要学生理解对社会应有责任感,在差异面前应相互理解,相互尊重"。由此可见,只有对学生充满爱心的大学才有可能成为一流大学。世界顶尖的高校之所以财源充足,也多因为来自校友的捐赠源源不断。在充满爱心的校园里学习,是这些毕业生最宝贵的记忆,他们自然也乐于资助这个改变他们一生的地方,把爱心传递下去。只要把育人放在首位,一流大学并不是遥不可及的梦想!

杨福家非常重视研究生的工作。他认为中国大学和世界一流大学较大的差距之一就在于研究生教育。[①]世界上有名的一流大学,之所以称为一流,除了有大师外,最重要的是有一批风华正茂、思想敏捷的优秀博士研究生,他们在充满好奇与激情、充分发挥民主的欢乐集体中日夜奋斗。有"中国居里夫人"之称的吴健雄教授曾经说过:"看一所大学是否一流,只要到周末晚上去看看那些学校的实验室,是否灯火辉煌。"沈志勋教授也曾告诉杨福家,在斯坦福有在实验室一周工作140个小时的惊人纪录!在一流大学的学术氛围里,大家都处在世界科学发展的前沿,都有很强的进取心。2000年诺贝尔奖得主艾伦·麦克迪尔米德(Alan Macidamid)教授说过一段话:"一所大学的质量并不取决于它所拥有的教学大楼,也不取决于它的实验室和图书馆,虽然这些都很重要,但是决定科学研究水平高低的关键在人。一般来说,即使有风景如画的校园、汗牛充栋的图书馆、装备精良的实验室,但要是不能将最优秀的师资和一流的学生吸引到这些建筑物之中,那只能是金玉其表。因此,我一再强调——科学研究在于人,人是第一位的。"

---

① 杨福家《教育取决于人》,《中国青年报》2003年6月26日。

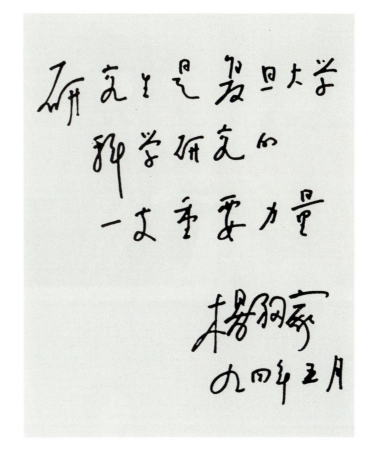

❶ 2007年8月，杨福家和彭秀玲在普林斯顿大学。杨福家感叹，普林斯顿大学之所以连续8年荣居美国大学榜首，其原因之一是它对师生的宽容厚爱：从校长、院长到系主任，可以不问9年基本不发表文章的教授在做什么，也可以允许有精神疾患的教师30年待在学校，备受关怀。对大学来说，大楼（有形资产的一部分）重要，大师（人力资源的一部分）更重要，同样重要的还有"大爱"（文化内涵的一部分）。

❷ 1996年10月3日，中国高等教育代表团访问哈佛大学，会见哈佛大学前校长德里克·博克。左起分别为翁史烈、杨福家、韦钰、德里克·博克、陈佳洱、王大中。

❸ 杨福家询问耶鲁大学第22任校长莱文（Richard C. Levin，任期为1993—2013年）："每年单从校基金库中生出来的钱，就超过了英国诺丁汉大学每年的全部收入。你到哪里筹来这么多的钱啊？"莱文回答资金主要来自校友的捐赠，因为他们感到耶鲁改变了他们的一生。有一位中国学生毕业后事业有成，就捐赠了888万8 888美元，有人责问他"为什么不把钱捐给中国高校"，他回答"是耶鲁改变了我的一生"！哈佛大学校长鲁登斯坦（Neil Rudenstine）任职10年，共募得26亿美元资金，算下来平均每个工作日能募集100万美元！

❹ 1994年，杨福家校长为复旦大学研究生院成立10周年题词："研究生是复旦大学科学研究的一支重要力量。"

❶ 1994年,杨福家教授颁发博士学位证书。

❷ 1996年,复旦大学校长杨福家和上海市教委领导郑令德为复旦大学研究生院正式成立揭幕。

❸ 1996年,复旦大学校长杨福家在复旦大学研究生院正式成立大会上给博士生颁发证书。

❹ 1982年7月9日,著名物理学家吴健雄访问复旦大学。前排左二起分别为谈家桢、吴健雄、苏步青、谢希德、徐常太,后排左三为杨福家、右二为华中一、右一为倪世雄,摄于苏步青校长第9宿舍61号寓所前。

❺ 2006年4月24日,杨福家和诺贝尔奖获得者艾伦·麦克迪尔米德教授相聚。

五、全面发展　终身学习

博雅教育的第一个字为"博"，博就是"文理融合，学科交叉，在广博的基础上求深度；博学多闻，博古通今"。博雅教育的第五条以"非常丰富的第二课堂：为数众多的学生社团、各种社会实践活动和学生参与的科研项目，在学习生涯中占有非常重要的地位；知行合一"作为措施，也是服务于作为目的的"博"的。

杨福家在多次演讲中都幽默地打比方说，"进复旦大学的学生就如同进了46条小胡同，上海交大有57条胡同，北大有59条，学生进了大学就被分割到各个块里"。① 这形象地说明中国大学过度强调专业教育的做法。虽然近年来国家坚持"宽基础、宽专业"办学，已把专业数从500多个减为不到250个，并准备缩减到不到100个，以适应今天科技、教育发展的大趋势。但是，实施"设置专业须报批，设置系、院可自主"的政策，使系、院数目有增无减。高中生考入高校，往往被分入四十几个、五十几个不同的系、院，似乎系、院数目越多，学校就越是一流，在狭窄的"胡同"里怎能培养出创新人才？

国外的情况又是怎样的呢？杨福家说："进哈佛就像进了大广场！"杨福家到哈佛大学访问，他遇见二年级的学生，就习惯地问他读什么系，但回答是"没有系"。的确，对大学生而言，哈佛大学只有一个学院，就是"Havard College"，学生分专业是大学二年级之后的事情。像耶鲁大学、芝加哥大学这些世界一流学府，一年级大学生也只是进入耶鲁学院、芝加哥学院等，学生经过两年的基础学习后，再根据自己的兴趣爱好主修一门专业，但是专业意识仍比较淡，有很多课程可以选择。至于医学院、商学院、法学院等，都是大学毕业以后考虑的去向。这种宽基础、宽专业的培养方式带来与专业分得太细的培养方式全然不同的结果，学生进入哈佛大学，就好像进了一个大观园，可以到处观赏、探索。宽基础、宽专业的结果，就在于能培养出真正富有创新精神的人才。专业不能分得太细，分得太细就如同把学生局限进一个"小格子"，没有自由探索的余地。

杨福家曾经在哈佛医学院做过一个小调查，在160名学医的学生中，有一半以上原来不是主修理科的，而是学文科的，医学院还曾收过学音乐出身的学生。他说，"在我们这里，你简直没法想象，别说读文科的不能学医，就是读理科的也不行，或许读生物的还勉强可以"。对国内一些大学专业越分越细的做法，杨福家评论："一开始就把学生专业搞得很死，这步棋走下去很不妙。一个人一辈子被囿于一个狭小的领域，再无突围越界的可能。"② 只有在大学阶段多看、多学、多比较，才可能具备进一步碰撞思维、创造发明的基础，也才可能找到自己真正的兴趣点、真正感兴趣的地方，点燃自身的火种，有所创造。

杨福家列举了许多复旦大学优秀毕业生的经历，来说明通识教育理念结出的累累硕果。

复旦大学过去20年的毕业生中，有一位何华从复旦大学物理系毕业后到麻省理工学院学习夸克理论，他的博士论文就和夸克有关。过了几年，他进入证券公司工作，把夸克理论应用到股票上，在10个月内为证券公司赚了两亿美金，成为股市风云人物。后来他退出证券市场，现在是耶鲁大学的教授。

还有一位章晟曼，现在是复旦校董。他40岁不到时就成为世界银行的第一位华人副行长，管理几千亿美元的资本。他既不是学经济的，也不是学银行的，而是学外语的。朱镕基总理曾告诉他："章晟曼，你去世行任高职，是件好事，你要先站住，再站高。"他以此为座右铭，在新的岗位上虚心学习，稳扎稳打，终于在世行站稳站好。汇丰银行第一次到复旦大学来招聘毕业生，第一句话就是不限专业，什么专业都行，根本不是非要"银行专业"的学生。非专业人士经过两三年的培训，照样能胜任银行业的工作。那一年汇丰银行在上海一共录取7个人，其中有5位来自复旦。汇丰银行主要看重的是基本素质，复旦大学实行通才教育，毕业生具有较强的可塑性和适应性，正是这些大公司欢迎的人才！

1982年从复旦大学生物系毕业的林海帆的成才经历也说明了学科交叉的重要性。他1994年开始在杜克大学任教，是世界上公认的干细胞研究领军人物。他的一项研究成果被评为2006年度世界十大科学成就。当年，耶鲁大学向他伸出橄榄枝，把他的整个研究小组都请过去，并把耶鲁原有的40余个与干细胞研究有关的小组都交给他领导，请他担任世界级的干细胞研究所所长。杨福家问林海帆怎么会做出这么多成绩，林海帆说在复旦大学做学生时，复旦大学可以让学

---

① 杨福家《学科间没有鸿沟》，2001年5月22日；杨福家《中国基础教育面临的几个难题》，载于21世纪教育论坛组委会《基础教育再把脉》，苏州大学出版社2002年版，第44页。
② 刘华蓉《火把·钢琴·大观园》，《中国教育报》2001年3月13日。

1	2
3	4

❶ 杨福家在哈佛大学校园。背景哈佛堂始建于1677年，1764年1月失火被焚毁，约翰·哈佛（John Harvard）1638年去世时捐赠的400本图书也丧失殆尽——只有一本被学生偷带出去的图书得以幸存，但这名学生却因这本书而被学生除名。哈佛堂很快于1766年重建，长期用作学生宿舍，如今用作教学楼，哈佛堂有数个大型演讲厅。

❷ 2012年4月3日，杨福家（右四）率中国代表团访问哈佛大学。左四为哈佛大学费正清中国研究中心前所长、哈佛大学文理学院前院长、哈佛中国基金主席柯伟林（William C. Kirby）教授。

❸ 杨福家、彭秀玲和章晟曼（右一）。章晟曼，1957年出生于上海，1978年毕业于复旦大学外文系。他曾是世界银行历史上最年轻的常务副行长，也是在国际经济组织中担任最高职位的首位华人。2006年1月，复旦大学授予章晟曼"复旦大学校长奖——杰出校友奖"称号。

❹ 杨福家、彭秀玲和林海帆。1978年国家正式恢复高考制度，林海帆以优异的成绩考入复旦大学生物系。1983年美国向中国招收公派留学生，林海帆以专业成绩全国第二名、综合成绩全国第一名被美国康奈尔大学录取。2001年2月，他成为杜克大学最年轻的终身教授。他为促进中美科技交流付出很多心血，但他非常低调，谢绝祖国政府、研究院、大学给予他的物质奖励和精神奖励，以及对他的专门礼遇接送。林海帆在耶鲁的办公室里有个大大的"宁"字，表达了"宁静致远"的追求。在宁静的校园里，他的研究生曾创下一周工作140个小时的纪录。

生自由听课，给了他很多机会，他去听过光学等课程，而他的有些成果正是从这些与生物没有直接关系的学科中得到的。他说特别是光学课对他后来的研究有很大的帮助，因为他很重要的一个发现就是把激光引到显微镜下，把干细胞旁的一个细胞"杀死"，干细胞就不起作用，于是证明了在干细胞相邻的一个细胞起到关键作用。林海帆还曾荣获一个专为年轻教授设立的奖项，每年有20人（包含各个领域），每年给65万美金，连续5年，随获奖者使用。更妙的是，会把20名获奖者找来，让他们在既漂亮又安静的地方住下，让他们在这样的环境中充分交流。这些人都是拔尖人才，非常聪明，通过自由交流，会产生非常重要的结果。在与林海帆同一年获奖的20位年轻科学家中，已经有不少人获得了诺贝尔奖。①

沈志勋也是复旦大学的杰出校友。他在2000年获得世界超导实验物理界最重要的大奖（昂纳斯奖），在2009年获得美国能源部劳伦斯奖。2012年6月，他说正是"人文的理念和物理学的视野，使他能够取得今天的成绩"。②

文理融合符合科学发明创造的思维和认知规律。据说，从事科学的人着重逻辑思维（左脑），从事文学艺术的人着重形象思维、直觉与灵感（右脑）。其实，两者不可分，少了直觉与灵感，几乎不可能有新的创造。庄子的"判天地之美，析万物之理"、李政道的"判美、析理两者不可分"都表明只有两者结合，才能有新的理、新的美。在科技发展史上，有许多例子说明由文理相通、不同学科交叉而引出的大成果。③

学科交叉是科学发展的趋势。随着科学的发展，当今世界学科之间已经没有鸿沟，很多科学发展正是源自各门学科的交叉。2008年6月2日和3日，杨福家分别在北京交通大学和中国科学院图书馆，带来"科学与人生"和"自主创新之源、魂和铜"的演讲。他津津乐道地谈起《纽约时报》上刊登的"乳腺癌和导弹"的故事。一位研究乳腺癌的科学家和一位研究导弹的科学家发生了"碰撞"，得到了启发。前者利用导弹发射命中目标的原理，成功地捕获了肿块。

"博"字当头的博雅教育应该体现在学科建设、学校建设和教学管理多个方面。

杨福家十分推许中国科技大学对多学科综合、交叉研究的重视。2001年5月，杨福家担任"211工程"验收组组长到该校验收，该校校领导告诉他，学校发现化学组和物理组都申请购买一台扫描隧道显微镜（STM）时，就把两个组召集起来，并通过学术讨论确定了一个非常重要的研究方向，随后按照此研究方向购买了一台更贵的STM（可以算是世界上最好的STM）。同时把这两个组合并在一起工作，成立了一个选键化学实验室。其结果是出了一篇又一篇高水平的文章，发表在英国的《自然》（Nature）、美国的《物理评论快报》（Physical Reviews Letter）上发表。

对于目前不少高校存在多校区现象，杨福家认为是不妥当的。他说这让不同学科的教授失去了"吹牛"的场所和机会，"谁会只为了'吹会儿牛'专门坐班车到另外一个校区？如果在同一幢楼里，大家就方便多了"。他建议，大学里应该多一些学术沙龙之类的活动，让大家有更多的机会"吹吹牛"。研究生之间更应该有这样的"聊天"习惯，他引用物理学家谢希德的话说："研究生主要应该向研究生同伴学习。"④

在教学方面，大学更应注重智能的发展、智慧的增长，而不是一味地专业知识的传授甚至"灌输"。教授有义务向学生传授知识，帮助学生积累知识，同样必须提倡智能的培养。所谓智能，是指人们运用知识的才能；培养智能，主要是培养自学能力、思维能力、表达能力、研究能力和组织管理能力。如果只注意知识的积累，而不注意智能的发展，那么即使在头脑中有了一大堆公式、定理、概念，也不会灵活应用，不会独立地去积累更多的新知识，更不会有所创新。大学教学成功与否的标志之一，是看绝大多数学生是否经常在积极地思考，看他们在智能发展方面是否有明显的进步。曾孕育出诗人海涅、"数学王子"高斯及十余名诺贝尔奖获得者的德国哥廷根大学，近250年来就一直以教人"应该怎样思考"而人才辈出、闻名全球。⑤

如果考试分数代表对知识的掌握程度，杨福家认为在学校里学习，增长智慧比增长知识更为重要。哈佛大学校门上方刻有一行字，"ENTER TO GROW IN WISDOM"（入门以增长智慧）。"哈佛等

---

① 杨福家《让想做事的人有一个能做事的环境》，《文汇报》2007年11月18日。
② 杨福家《在钱学森图书馆〈从复旦到诺丁汉〉首发式上的讲话》，2013年5月23日。
③ 杨福家《创新的基础在教育——在"21世纪创新教育论坛"上的报告》，2000年10月9日。
④ 易蓉蓉、陈彬、刘淑《杨福家：中国自主创新如何打造"杀手锏"》，《科学时报》2008年6月8日。
⑤ 杨福家《教书育人 传道授业》，《光明日报》1993年6月7日。

名校与普通大学相比，有什么不同？从所学知识与技能方面，或许没有什么大的不同。最大的不同之处在于人文修养的教育与熏陶。现代教育的弊病在于把学校变成了单纯的知识贩卖店。一流名校注重文化的传承和对学生人格的全面培养，人文修养才是教育的根本。""人的头脑不是用来填充知识的容器，而是等待被点燃的火种。"

当代大学生应该树立终身学习的观念。只有在大学里发展了智能、增长了智慧，才可能为了适应日新月异的科技进步和社会发展，不断更新自己的知识结构，不断培养新的技能，永不落伍。中国大学生毕业找工作常有"专业不对口"、"大学没学过"、"不愿改行"之类的抱怨，这其实是自己束缚自己。英美学生最喜欢说的是"Let me try."（让我试一试）和"I can do it."（我能做）。今天的世界是千变万化的世界，即使是名牌大学毕业生，也不一定能保证他从事的工作与大学里学到的东西完全一致。学校给你的是基本的东西，对你产生影响的不是具体的知识而是一系列的精神，所以你应该有"什么都能做"的自信！当初搞原子弹时，国家从各地抽调了一批专家，他们大多数没学过核专业。但国家有这个需要，这些优秀的知识分子具有较强的适应能力，都在很短时间内就学习掌握了基本原理，在国外实行技术封锁的情况下，带领年轻人奋勇前进，完成了国家布置的任务，在技术水平上甚至超过了外国！中国大学尤其是重点大学就应该大批培养这类创新型人才。

❶ 杨福家、中国科学技术大学前校长朱清时教授（中，任期为1998—2008年）、著名文化学者余秋雨（左）教授，2010年3月26日摄于澳门科技大学。

❷ 哈佛大学校门。

❸ 哈佛大学校门上镌刻着"ENTER TO GROW IN WISDOM"。

❹ 杨福家在哈佛大学校门前留影。

六、做人第一　知行合一

通识教育只是博雅教育的一个部分，即"博"。除此之外，更要强调"做人第一"，即"雅"。

杨福家走上领导岗位时，中国正处在经济转型时期，社会上弥漫着"一切向钱看"的思潮，功利主义、实用主义、拜金主义和享乐主义泛滥成灾，腐蚀和冲击着大学生的思想。大学生成为"迷惘的一代"，不思学习进取，热衷于"下海"做"倒爷"，"松松垮垮的不良习气在一些班级内蔓延"[①]，一些农村来的学生甚至不愿意见父母，觉得很不光彩。杨福家对这些不正常的现象深感焦虑，他大声疾呼"做人第一"。他告诉《人民日报》记者："首先是教学生怎样做人，第二是教他们怎样思考，第三才是教他们具体的专业知识。"[②]

杨福家多次阐述"做人第一"就是要讲求道德。他很欣赏康德的一句名言："有两种东西，我对它们的思考越是深沉和持久，它们在我心灵中唤起的惊奇和敬畏就会日新月异、不断增长，这就是我头上的星空和心中的道德定律。"

杨福家经常引用温家宝总理的两段话，阐明当代大学生应该承担的责任。一段是温总理2007年2月17日在辽宁与东北大学学生共度除夕之夜时所说的话："每一个学生首先应该懂得的道理和终身实践的目标，就是热爱祖国并为之奋斗。只有对国家、对人民爱得深，才会有强烈的责任心，才会对国家、人民有献身精神。学生要爱老师，老师也要爱学生。对人民要有真挚的大爱。只有这样，才能成为一个真正的人、一个有道德的人。"另一段是温家宝总理在2008年3月18日所说的："如果我们的国家有比黄金还要贵重的诚信、有比大海还要宽广的包容、有比爱自己还要宽宏的博爱、有比高山还要崇高的道德，那么，我们这个国家就是一个具有精神文明和道德力量的国家。"

道德是大学精神的重要组成部分。美国真正意义上的第一所大学——宾州大学，它的校训中就提到道德："没有道德的法规是徒劳的。"哈佛大学也提倡："一个人能不能有所成就，不单单看智商，还应该看他的情商，进而看他的德商。"1998年，联合国文教总干事在联合国教科文组织召开的"迎接21世纪高等教育大会"上作总结时讲道：学校要让学生学会做人、学会生存（learn to be），要让学生学知识（learn to know），要让学生学习如何掌握这些知识（learn to how to learn），还要让学生学习如何与其他人相处（learn to deal with the others）。

杨福家提出大爱是大学文化内涵的重要组成部分[③]，实际上也是在倡导"做人第一"的道德。大爱包含：爱国家，急国家所急；爱人民，做好公民，公民姓公，心中有民；爱真理，求是崇真，学做真人；爱科学，激励好奇性，挑战权威；爱师爱生，营造环境，点燃火种。要成为一个有爱的人、有道德的人，其中最基本的要求离不开"爱国"和"诚信"。因此，大学里一定要抓好这两个方面的教育。

在所有的道德品质中，杨福家最为重视爱国精神。耶鲁大学之所以成为世界一流大学，因为它发表了著名的《耶鲁报告》，重视"做人第一"，倡导道德教育和责任义务。美国民族英雄内森·黑尔是耶鲁校友，他的名言在美国家喻户晓："我唯一的憾事，就是没有第二次生命献给我的祖国。"杨福家经常提起我国的"两弹"元勋邓稼先、中国氢弹之父于敏等著名科学家，指出他们无一不是秉承爱国之心，在艰苦的环境中为我国的科学技术进步不断贡献力量。

杨福家多次与留学生座谈，通过回顾自己在丹麦、美国、日本等国学习和工作的经历，以及多年来在学术和科研方面的经验和体会，谆谆告诫留学人员："作为海外学子，首先不能忘记的是祖国五千年的文明史，它是中华民族的自豪和骄傲，是海外学子的立身之本和精神源泉。"他在英国担任大学校长，但心里想得最多的还是自己的祖国。他深刻感受到我国教育存在一些弊病，而且很难在短期内根除。强烈的爱国精神和忧患意识，驱动他决心引进国外优质资源，试点一个教育改革的样板，创立了中国第一所中外合作大学——宁波诺丁汉大学。

"做人第一"还要讲求诚信。杨福家重视诚信，是因为诚信关系着大学精神。他一直牢记卢鹤绂的教诲："一是要有所发现、有所发明、有所发展，最后的目标是来创新领域；二是要老实，不要虚伪，弄虚作假、故弄玄虚的人都是站不住的。知而告人，告而以实，仁信也。"大学是追求真理的场所，而诚信是发现真理的前提和基础。没有诚信这个美德的支撑，真理就难以得到实现。

在中国的大学里，不讲诚信的现象曾经一度十分严重：作弊现象

---

① 杨福家《请留下自己的标志——考评校长有感》，《复旦》1986年10月31日。
② 毕全忠《"首先是教学生怎样做人"——访复旦大学（之二）》，《人民日报》1994年12月20日。
③ 杨福家《大楼、大师之外更应有大爱》，《文汇报》2002年9月17日、2007年2月13日。

屡禁不止，学术造假屡见不鲜，申报信息弄虚作假，等等。杨福家一直和这种丑恶现象进行针锋相对的斗争。他厉行"作弊就开除"的规定，目的就是培养大学生的诚信观念。2005年的教师节，温家宝总理引用陶行知的"千教万教，教人求真，千学万学，学做真人"向全国教师致以节日的问候。总理之所以重提这16个字，杨福家认为与现在缺乏追求真理的文化有关。

2007年，杨福家在上海遇到刚辞职的哈佛大学校长劳伦斯·萨默斯（Lawrence H. Summers）。萨默斯说他做校长时，一位刚进哈佛大学的新生曾对他说："我一直在跟踪你的数据，你的数据有错误。"一个新生可以对校长说"你错了"，这就是哈佛大学的文化——思想胜于权威。哈佛大学的校训是"veritas"（拉丁语，"真理"，有人把它译为"让真理与你为友"）。2019年3月20日，哈佛大学第29任校长白乐瑞（Lawrence S. Bacow）在北京大学演讲，阐述了大学的使命就在于追求真理、追求卓越。①华盛顿大学的校训是"通过真理取得力量"。耶鲁大学的校训是"light and truth"（追求光明与真理），胡锦涛总书记曾赞扬这个校训"符合人类进步的法则，也符合每个有志青年的心愿"。②追求真理，而不迷信权威。大学文化是追求真理的文化、严谨求实的文化。如果一所大学拥有这样的文化，那它就有可能成为世界一流大学。

除了爱国和诚信之外，"做人第一"还体现其他的道德品质。例如，要尊重他人，要常抱感恩之心。杨福家曾引用一位诺贝尔奖获得者说过的话："你不仅要能够享受欣赏自己取得的成就，同时应该能够享受欣赏旁人取得的成就。"此外，感恩情怀也不可缺少，要感恩生命、感恩父母、感恩老师、感恩社会、感恩生活、感恩自然等。正像爱因斯坦所说："我每天上百次地提醒自己，我的精神生活和物质生活都依靠别人（包括活着的人和死去的人）的劳动，我必须尽力以同样的分量来报答我领受了的和至今还在领受的东西。"这是他的信念，也应该是每个人人生观的一部分。有了这样的动力，就能迎接挑战、克服困难。而要有所创造，必须发挥集体的力量。"让每一颗金子都发光"，同时，"不仅要自己发光，而且要使别人也发光"。

学会和人相处，养成优良道德，需要长期的理论联系实际、"知行合一"。学校开展的课堂之外的社会实践活动，着力于培养学生的创新能力、服务社会的能力、团队精神、实事求是的精神，将对学生的一生产生持续深远的影响。美国的博雅学院之所以能做到"小而美"，就是因为学校特别重视第二课堂，学生在这里学会与人相处、受到全面锻炼。博雅学院排名第一的威廉姆斯学院校长弗朗西斯·奥克利（Francis Oakley，任期为1985—1993年）在1985年的就职典礼上强调，教育不限于教室、实验室、工作室或图书馆内的学习，而是一个不同经验与多元的社区生活所整合出来的结果。他特别指出："课外活动如同正规课程一样好；游戏如同工作一样好；同伴与孤独一样好；陌生或熟悉，不安与舒适，抗议或庆贺，规定或自择，失败或成功都好。"③

杨福家认为，积极开展第二课堂，可以锻炼学生很难在传统课堂中获得的能力。例如，作为第二课堂主要形式的社团，为学生提供充分发挥自己各方面能力的空间和平台。早在1998年召开的全世界高等教育会议上就曾提出，一个人要培养各方面的能力，其中一种很重要的能力就是学会与人相处。这个能力靠大班授课的传统课堂很难培养出来，在第二课堂中通过多种多样的形式，学生尝试扮演各种各样的角色，学会如何与人相处。

麻省理工学院把"动脑又动手"（mind and hand）作为校训。每个青年都应在充溢学以致用、知行合一的大学精神的氛围里，探索奥秘，追求真理，担当社会责任，创造美好生活，用实际的行动来丰富大学文化、实现美好梦想。

---

① 演讲题名为"真理的追求与大学的使命"（The Pursuit of Truth and the Mission of the University），详见哈佛大学官网。
② 胡锦涛《在美国耶鲁大学的演讲》（2006年4月21日），载于《胡锦涛文选》第二卷，人民出版社2016年版，第435页。
③ 赖鼎铭《文理学院的教育理念愿景——以威廉姆斯学院及阿姆赫斯特学院为例》，《通识在线》2006年第3期。

❶ 2017年9月28日，杨福家在"2017侨界创新发展论坛"主讲"海归与爱国情怀"。他结合邓稼先、陈能宽、钱三强等著名专家学者的实例，分享了自己的真情实感和宝贵经验，在场嘉宾无不为他始终保持的一颗赤子之心而动容。

❷ 杨福家与哈佛大学前校长劳伦斯·萨默斯（任期为2001—2006年），2007年1月18日摄于上海。2005年底，萨默斯因发表有歧视女性嫌疑的言论，哈佛文理学院教授投票通过不信任决议，被迫于2006年6月30日辞职。2009年他进入奥巴马内阁，担任国家经济委员会主任。2011年他回到哈佛大学任教。

❸ 哈佛大学出口大门上镌刻着"DEPART TO SERVE BETTER THY COUNTRY AND THE KIND"，勉励毕业生"走出校门是为了更好地为你的国家和人民服务"。

❹ 宁波诺丁汉大学的毕业生离校前都在校园里种棵树，前面立一个纪念牌，上面写上对过去4年最有感受的话。这是2012年毕业生所立的纪念牌。

❺ 2013年11月13日，杨福家在上海海事大学的"科学道德与学风建设宣讲报告会"做主题报告。杨福家在演讲中引用1828年的《耶鲁报告》，指出"做人第一，修业第二"，这是世界上任何一所优秀大学的基本准则，而"诚信第一"则是做人的第一要素。他以典型的事例告诫广大青年学子，要树立学术诚信意识，认真遵守学术规范，不仅要在专业上出类拔萃，更要在品德上高尚出众。报告会由该校研究生部主任王国华（左三）主持，黄有方校长、金永兴副校长（右三，2015年起任该校党委书记）及1 000余名在校研究生和导师代表参加。

1	2
3	

❶ 1996年杨福家和耶鲁大学第22任校长莱文见面。耶鲁大学极为重视大学的课外社团。老布什、小布什、克林顿以及很多大学的校长都毕业于耶鲁大学，所以杨福家问莱文校长："耶鲁大学为何能培养那么多领袖？"莱文回答："耶鲁大学有250个社团，就有250个小领袖，将来一定能产生大领袖。"

❷ 2006年5月10日，杨福家和耶鲁大学校长莱文合影。莱文校长说耶鲁大学最大的特色就在于住宿学院制度。杨福家在耶鲁大学住宿学院的首席导师家里，看到有个巨大的冰箱，"只有在工厂才能看得见这么大的冰箱"。冰箱里放着几百份三明治，这是为了方便招待经常登门的学生。要知道他的家里最多时曾请过600人喝茶！

❸ 2009年9月3日，杨福家和耶鲁大学副教授叶萌合影。叶萌是斯坦福大学的毕业生。他说："我有幸就读于斯坦福大学，这是一所笃信素质教育的大学。在斯坦福，直到本科的第三年才要求我们选定专业。我的许多朋友改了几次才最终决定专业。所有本科新生都要学习一门为期一年的课程，名为'文化、观念和价值观'。这一课程不仅学习西方传统经典（如柏拉图、笛卡尔、马克思等），而且接触世界其他文化的代表人物与经典著作（如中国的孔孟之道）。课程的中心，围绕着'人何以为人'这一主题展开。无论学生将来选择什么专业，都必须首先回答这个问题。"

❶ 学生社团已经成为复旦大学校园文化的推进者和大学风尚的引领者。全校平均每学期开展社团活动 2 000 余场，形成一系列有品质、有内涵、有影响的品牌活动，如复旦人节、新生节、社团节、学术文化节等。复旦学子将有许多社团参与的校园招新活动戏称为"百团大战"。复旦大学辩论队从 1993 年起更是闻名全球，队员的未来无一不由此受惠。

❷ 招新活动中身着汉服翩翩起舞的复旦女生。

❸ 2013 年 11 月 9 日，在复旦大学举办的第三届上海市大学生创新活动论坛上，杨福家给最佳报告获得者张安琪（右）颁奖。张安琪 1992 年出生，复旦大学毕业后先后进入哈佛大学、斯坦福大学等名校深造，有"门萨女神"之称。左为张安琪的指导教师复旦大学先进材料实验室郑耿锋教授。

七、追逐梦想　砥砺前行

杨福家，是一个筑梦不息、追梦不止的人。

他最欣赏的一句话，就是"我有一个梦"。

杨福家曾梦想中国的强大。他忘不了在丹麦留学前陈毅市长讲的那个故事，如果国家不强大，她的人民即便到国外都会受欺负、遭歧视，连坐公交车给人让座的资格都没有，因为人家嫌你弄脏了座位。他到丹麦留学时，研究所的各国学者都渴望了解发生巨变的中国，邀请杨福家的晚会接连不断，最多时一个星期有 5 个。杨福家深有体会地说："没有强大的祖国，中国留学生怎么会有这样的尊严！"

杨福家曾梦想中国科技事业的腾飞。在丹麦留学时，杨福家常常这样自勉："中国是我心中的世界开始的地方，也是我实现人生追求的地方。"他梦想在复旦大学建成具有国际水准的核物理实验室，使中国在世界科学殿堂得到应有的席位。为了这个梦想，他屡屡婉拒国际同行的重金相聘，为实现自己的建功立业的梦想奋斗不已。如今，杨福家的这个梦想已经部分变为现实。他的"基于加速器的原子、原子核物理实验室"，已被一流专家评定为达到国际水准，完成了一批在国际上受到重视的工作，其中一些实验成果多年来一直为国际同行所采用。

经过 70 年的风风雨雨，经过 40 年的改革开放，祖国已经逐渐强大，科学技术也不断进步。但杨福家敏锐地看到，我国国民的整体文化水平、国民素质与西方发达国家还存在不小的差距，中国的教育事业仍然任重道远。因此，中国教育事业的全面进步，实现教育公平，提高教育质量，在中国的土地上出现真正的世界一流的大学，成为他最大的梦想。①杨福家说，一国兴旺，教育是本。我们需要有炼铁成钢的炉子，培育更多的栋梁之材，让千年的文明古国重放青春光华。

杨福家的梦，就是理想。王沪宁曾说杨福家是理想主义者。"杨校长的名言——追求卓越——最好地表述了理想主义的精神。"民族之振兴，社会之发展，人类之进步，是需要理想主义者的。"人类社会上许多惊天动地的事情，往往是一个人或者一些人坚韧不拔地坚持理想的结果。""我们攀登科学的高峰需要理想主义者，我们办一所世界一流的大学需要理想主义者，我们建设一个现代化的社会主义强国需要理想主义者，我们迎接 21 世纪的到来需要理想主义者。"②

杨福家敢于做理想主义者，敢于为理想奋勇前进。他的梦想和中华民族的梦想紧密相连。他说，中华民族崛起的梦想，是我们每个人的梦。伟大的中国梦，首先是中国教育梦。在这个梦里，各类学校以培养合格公民为首任，为培养"三百六十行，行行出状元"而尽心尽力；在这个梦里，既有大楼，更有大师，还充满大爱；在这个梦里，育人为先，学生为中心，师生互动，敢于争辩，"吾爱吾师，吾更爱真理"；在这个梦里，研究大楼夜夜灯火辉煌，年轻的研究生在一流导师指导下日夜奋斗、探索未知；在这个梦里，没有浮躁与功利，学者们有可能花几年，甚至十几年时间为攻克世界难题而默默无闻地艰苦拼搏；在这个梦里，毕业后的学生能深刻体会到"几年的学校生活改变了我的一生"，他们脚踏实地，努力工作，回报社会。大学是群英汇集的殿堂，来自世界各地的学子相聚在人类知识的宝库，在大学精神弥漫的氛围中，自由探索，百花齐放，宽容厚爱，追求真理，付之实际，实现梦想。③

有理想就有目标，有梦想才有奋斗的动力。无论国家、社会还是个人，梦想都是保持生机、激发活力的源泉。"我们都在努力奔跑，我们都是追梦人。"2019 年元旦，习近平总书记的一句新年贺词，让多少人心潮起伏，热泪盈眶。杨福家恳切地说："我的梦实现得晚了一点、曲折了点。但在曲折的途径中我见到了更多的榜样，艰难的历程更能锻炼人、磨炼人。""我的梦还没有做完，因此还要苦苦地追求下去。我盼望与大家一起把我们的社会主义祖国建设得更加繁荣富强，为人类的进步和幸福做出应有的贡献。"④

愿将此生长报国，马蹄不歇奋征途。让我们向人民教育家、科学家杨福家先生学习，弘扬爱国奋斗精神，为人民建功立业，继续在奔跑中拥抱梦想、成就梦想！

---

① 潘真《他有一个梦——访杨福家教授》，《联合时报》2007 年 12 月 14 日。
② 王沪宁《敢于做理想主义者》，载于杨福家《博学笃志：知识经济与高等教育》，上海教育出版社，2001 年版，代后记。
③ 杨福家《从复旦到诺丁汉》(扉页题词)，2013 年初于复旦。
④ 杨福家《追求卓越》，复旦大学出版社 1995 年版，第 20-21 页。

后记

《博学笃行 福家报国：杨福家传》（以下简称《杨福家传》）2018 年出版后受到各界读者的欢迎和好评，给了我们极大的鼓励。2019 年，中共中央办公厅、国务院办公厅印发了《关于进一步弘扬科学家精神加强作风和学风建设的意见》，提倡自觉践行、大力弘扬新时代科学家精神，又给了我们极大的信心。这促使我们进一步思考，如何以更新颖的形式，把杨福家先生科技报国、教育强国的感人故事讲好，把杨先生身上体现出的新时代科学家精神表现好。

于是，我们应复旦大学出版社之约，马不停蹄地投入《杨福家画传》的编写工作中。因为我们深知，在当今这个"看图的时代"，以文字为主的《杨福家传》可能还不能适应部分读者尤其是青年读者的阅读需求，所以希望通过图文并茂的形式，能适应当代读者的阅读习惯，适合互联网时代读者的阅读口味，让更多的读者接触和了解以杨先生为代表的多个知识分子群体（如两弹元勋群体、复旦优秀教师群体、上海光源建设者群体等）立德树人、爱国奋斗的先进事迹。

下面就本书的定位以及撰写的宗旨、体例和特点做3点简单的说明。

第一，本书是《杨福家传》的姊妹篇。《杨福家传》偏于文字，由于传记的性质及篇幅决定，只能根据文字的需要采用很少一部分作为配图（约200帧）。而本书偏于图片，两传互相补充，可以完整、立体地呈现杨福家先生炽热浓烈的家国情怀、坚持不懈的奋斗精神，更好地宣传杨先生的教育和办学思想。两书绝少重复，本书重点写《杨福家传》略写或未写的部分，而《杨福家传》着墨较多的部分，本书则一笔带过或不写。

选用的图片注意避免重复。有少量（不超过10张）重复的图片，或者因为其重要性，或者因为在《杨福家传》中的说明过于简单，我们想借此机会加以补充。

第二，本书仍定位于传记体裁，而非画册或者摄影集。因此，我们无意于照片的简单罗列，"杨先生哪年在哪里"，"杨先生哪年和谁合影"，这样就变成了流水账，损害了可读性。因此，本书搭建了一个全新的叙述框架，根据这个框架来编排内容相关的图片。《杨福家传》主要以时间为序叙述，是"纵"的；《杨福家画传》着眼于共时的、逻辑的归纳，是"横"的。特别是最后两章，都是《杨福家传》没有写过的内容。第八章是对杨先生立德树人、爱国奋斗事迹的简单总结，希望能达到读者在宣传橱窗看杨先生先进事迹展览的效果；第九章是对杨先生教育思想的简单陈述，希望能达到在现场凝视杨先生制作的幻灯片、聆听杨先生讲演的效果。我们很幸运，长期在复旦大学学习和工作，现场听过杨先生的很多报告。我们希望能把这个幸运传递给更多的读者，让更多不在现场的读者能够领略杨先生的大师风采。

第三，本书非常注重讲述照片背后的故事，注重照片内涵的挖掘。英语有句俗语"A picture is worth a thousand words."，它的意思是"一张图片胜过千言万语"。但图片毕竟不等于语言，仍然需要辅以语言的解释说明，否则会引起更多的疑问。例如，很多介绍两弹元勋邓稼先的图书和文章都会引用两幅他比画双手的照片，却很少有作者对这张照片加以说明。殊不知，这是邓稼先在跟采访者兴奋地比画中国第一颗原子弹和氢弹的大小：他双手在脸前虚拢成足球大小是在比画第一颗原子弹；比画第一颗氢弹则是在胸前拉开，说是有脸盘那么大。有了这样的文字说明，图片才有了灵魂，人物才因之更加生动。

例如，本书第四章第二节中杨先生和陈省身、杨振宁共进早餐的那帧图片，如果不加说明，那么谁会了解这张照片背后蕴藏的丰富信息呢？这张照片初看好像很普通，就是几个人吃早饭嘛，其实这张照片非常珍贵！首先是吃饭的时间。这是2004年10月，杨福家到南开大学讲学时，陈省身邀请杨福家夫妇去家里吃饭，而且是连续两天到他家里吃早饭，这个时间是在陈省身去世前一个月。其次是吃饭的地方。他们是在陈先生的寓所，老房子很整洁，陈设很简单，一点也不豪华。早饭吃得也简单，两次早餐都是炒蛋、烧饼、油条、白粥加豆浆。从饮食到住房，都反映了大师的简朴生活。最后是吃饭的内容。因为陈先生行动不便，不能去现场听杨福家的报告，他很想和杨先生聊天。陈省身先生赞成杨福家的观点，说要建一流大学，单靠大楼和大师还不够，还要有大爱，即要有一个育人环境。他介绍他常在工作室举行数学讨论班活动，"科学扎根于讨论"，这正是培育数学家需要的一种氛围。所以，我们把这种照片放在与科学精神相关的章节里，和施里弗的图片一起来补充说明"科学扎根于讨论"的重要性。

再如，上海光源内容里的自主研制的椭圆极化波荡器、首台自主研制的真空波荡器、3.5吉电子伏增强器等，我们没有像一般的宣传材料只是简单地写几个字交代机器的名称，而是详述了研制这些机器的艰辛曲折过程，让读者了解到中国科技人员在外国技术封锁的情况下奋发图强、刻苦攻关的动人故事，深化对"光源精神"的认识和理解。

虽然当代人推崇"一图胜千言"、"有图有真相"，但是有图未必就真相！"鼓不敲不响，话不说不明。"对图片的解读和分析是不可缺少的。

杨先生曾说，知识分子不图别的，就图一个信任。这也是我们此刻共同的心声！杨先生、彭老师对我们充分信任，拿出珍藏的相册供我们挑选，并细致讲解拍照时的场景和背后的故事。两位老科学家一丝不苟、知无不言，让我们油然而生一种使命感，不敢有分毫懈怠。记得有句西谚："没有一个人在他仆人眼里是英雄的。"我们有缘和杨先生认识，但知道得越多，越熟悉，越崇敬！孔子说："盖有不知而作之者，我无是也。"以杨先生为代表的老一辈核物理科学家、教育家的事迹（本书所展现的也只是其中很少的一部分），激励着我们踏实工作，努力调查，在"知"的基础上，创新体例，激扬文字，精益求精！

本书所用的500多张照片，除了部分承杨先生、彭老师相赠及作者拍摄、制作外，其余均从相关档案管理部门申请获得，尤其是中国科学院上海应用物理研究所档案室专门为本书提供了珍贵的图片，丹麦哥本哈根尼尔斯·玻尔文献馆专门寄来国内罕见的资料，让我们倍感激动。但遗憾的是，很多照片的原始拍摄者已经难以一一究明了，非敢掠美，特作说明并致谢忱！

本书的选题和写作得到复旦大学出版社严峰董事长的大力支持，责任编辑梁玲老师一丝不苟，为保证图书的高品质付出很多心血，范仁梅老师也提出许多宝贵建议。衷心感谢大家的帮助和支持！

限于学识和水平，书中难免还存在缺点和不足。热诚期待专家学者、广大读者提出宝贵意见，以便修订完善。老一辈科学家的人生经历、创业历程，是新中国史、改革开放史、社会主义发展史的组成部分。让我们共同努力，学习和发扬科学家精神，担起科学报国使命！

2020年12月15日于复旦大学

本书成稿后因各种不可抗力而迟延。为尊重杨先生意愿，文字照他生前最后的审定版不做任何改动。特别鸣谢热情资助的爱心校友，感谢鼎力支持的领导和师友们！

作者补记
2023年9月1日

图书在版编目(CIP)数据

格物树人　福家报国:杨福家画传/霍四通,杨柳著.—上海:复旦大学出版社,2024.1
ISBN 978-7-309-16632-3

Ⅰ.①格… Ⅱ.①霍… ②杨… Ⅲ.①杨福家-传记-画册 Ⅳ.①K826.11-64

中国版本图书馆 CIP 数据核字(2022)第 226802 号

格物树人　福家报国:杨福家画传
霍四通　杨　柳　著
责任编辑/梁　玲
封面设计/马晓霞

复旦大学出版社有限公司出版发行
上海市国权路 579 号　邮编:200433
网址:fupnet@fudanpress.com　http://www.fudanpress.com
门市零售:86-21-65102580　　团体订购:86-21-65104505
出版部电话:86-21-65642845
上海雅昌艺术印刷有限公司

开本 889 毫米×1194 毫米　1/12　印张 18.5　字数 490 千字
2024 年 1 月第 1 版
2024 年 1 月第 1 版第 1 次印刷

ISBN 978-7-309-16632-3/K·803
定价:398.00 元

如有印装质量问题,请向复旦大学出版社有限公司出版部调换。
版权所有　　侵权必究